家庭教育

FAMILY
EDUCATION

指导手册

王欢名校长工作室
北京史家教育集团
北京知行华夏教育科技有限公司 | 组编

洪 伟 李 娟 主编
吴丽梅 张均帅 副主编

U0359718

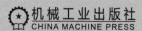 机械工业出版社
CHINA MACHINE PRESS

本书汇集了上百位教师的教学经验和深刻体会，由史家教育集团与北京东朝建学区的各所幼儿园、小学、中学奋战在"家校社共育"一线的班主任和其他优秀教师共同完成。本书以科学养育为理念，旨在助力家长、答疑解惑，将以往在家校社共育工作中家长关心的热点、忽略的盲点、学生发展需要的助力点，以案例解析的形式编撰成册，具有较强的实用性和可操作性。

本书适合家长朋友和教育从业者阅读，全书分为"亲子关系""情绪管理""人际交往""习惯培养""自我成长"五章。读者可以从众多有趣、简明的题目中，找到自己的关注点。

图书在版编目（CIP）数据

家庭教育指导手册 / 洪伟，李娟主编 . — 北京：机械工业出版社，2022.7（2024.6 重印）
ISBN 978-7-111-71359-3

Ⅰ.①家… Ⅱ.①洪… ②李… Ⅲ.①家庭教育 – 手册
Ⅳ.① G78-62

中国版本图书馆CIP数据核字（2022）第140211号

机械工业出版社（北京市百万庄大街22号 邮政编码100037）
策划编辑：徐曙宁　　　　　责任编辑：徐曙宁 仇俊霞
责任校对：史静怡 张 薇 责任印制：单爱军
北京联兴盛业印刷股份有限公司印刷

2024年6月第1版第5次印刷
148mm × 210mm · 9.875印张 · 192千字
标准书号：ISBN 978-7-111-71359-3
定价：69.80元

电话服务　　　　　　　　　网络服务
客服电话：010-88361066　　机 工 官 网：www.cmpbook.com
　　　　　010-88379833　　机 工 官 博：weibo.com/cmp1952
　　　　　010-68326294　　金 书 网：www.golden-book.com
封底无防伪标均为盗版　　机工教育服务网：www.cmpedu.com

鸣　谢

学术指导：（按姓氏笔画）

王元臻　苏　丹　李昀洋　杜　凤　唐海秋　张　巧　岳秋华　赵晓颖
夏　珺　郭　鸿　曹　丛　潘沂然

编　　委：（按姓氏笔画）

丁雁玲　万　平　马长江　王凤岭　王素苓　王　菁　卞之慧　乐　波
朱锡昕　刘志田　刘　颖　孙文燕　李大明　杨　丽　吴　玥　汪　忱
宋　菁　宋晶晶　迟　芳　张连洁　张秀娟　张欣欣　张　怡　陆　军
陈　燕　范汝梅　周传章　周　育　赵丹阳　南春山　姚　辉　倪彦鹏
高李英　郭志滨　韩巧玲　虞雄剑　鲍宇红　薛丽霞　冀红杰

参　　编：（按姓氏笔画）

于晓婷　于　菁　马长江　王　宁　王　华　王兴平　王君辉　王　映
王素菊　王　晔　王　菁　王　曼　王靓楠　王潇雨　尤佩娜　车　雨
牛东芳　化国辉　石增红　卢明文　田文青　冯　羽　冯思瑜　刘　丹
刘宇彤　刘　欢　刘　佳　刘玲玲　刘　蕊　祁　冰　许丽娜　孙慧瑶
李云飞　李　伟　李芸芸　李宏梅　李　妍　李　昆　李　享　李秋敏
李梦裙　李　婕　李超群　杨亚虹　杨　京　杨　莹　杨　倩　肖　威
谷思艺　宋宁宁　宋　菁　迟　芳　张艾琼　张　弘　张　萍　张　蕊
陈　月　陈雅洁　陈燕卿　金利梅　周　育　郑忠伟　郑　珊　单文婷
赵　伟　赵　莹　赵　辉　赵慧霞　郝建新　柏立丽　恒　迪　姚　辉
袁晓渝　贾维琳　徐丹丹　徐　虹　徐　莹　徐　硕　高江丽　高　君
高金芳　郭文雅　黄　笛　崔韧楠　崔　敏　梁新燕　隗功超　葛　攀
韩凯旋　虞雄剑　鲍宇红　鲍　虹　翟梓菲　黎　童　滕学蕾　魏　薇

前　言

　　"教育"一词来源于《孟子》的"得天下英才而教育之"。教育是家庭、学校、政府和社会的共同责任。教育关系到孩子的终身发展，关系到千家万户的切身利益，关系到国家和民族的未来。

　　2020年，党的十九届五中全会明确提出建立健全家庭、学校、社会协同育人的机制。2021年，教育部"双减"政策的推出，为教育指明了新的方向：学校要减轻学生的学业负担、提升教学质量，家庭要培养孩子自主学习的能力、培养全面型人才。2022年1月《家庭教育促进法》的实施，标志着我国正式进入了家长依法带娃的时代。家长需要增强家庭教育的意识，明确家庭教育的定位，懂得家庭教育的特点，提高家庭教育的素养，既要树立正确的教育理念，更要掌握一点科学的教育知识。

　　面对新的变革和挑战，家庭教育需要尽快回归育人本位，走到科学施教、家校合作的轨道上来。

　　近些年，家庭教育工作取得了一定的进展，但还存在着一定的困难和问题。比如：注重孩子智力水平的提升，却忽视对孩子学习主动性、学习习惯的培养；专制育儿，将升学作为教育的第一目标，忽视了培养孩子的独立生活能力、正确价值观，等等。为增强对家庭教育的指导和提升家庭教育的有效性，北京东朝建家庭教育指导服务分中心隆重推出《家庭教育指导手册》一书，助力家校社共育，引导家校双方能够向前一步，行动起来。

本书汇集了上百位教师的教学经验和深刻体会，由史家教育集团与北京东朝建学区各所幼儿园、小学、中学奋战在"家校社共育"一线的班主任和其他优秀教师共同完成。本书以科学养育为理念，旨在助力家长、答疑解惑，将以往在家校社共育工作中家长关心的热点、忽略的盲点以及学生发展需要的助力点，以案例解析的形式编撰成册，具有较强的实用性和可操作性。全书分为"亲子关系""情绪管理""人际交往""习惯培养""自我成长"五章内容，读者可以从书中众多有趣、简明的题目中，找到自己的关注点。

例如：当代小学生自己能感受到压力吗？答案是肯定的，但是很多家长却不以为然。而一线老师接触的孩子多，特别有感触。如"别让压力'压倒'孩子"一文就提出"三要三不要"：一要多关注孩子本身，二要多与老师进行沟通交流，三要帮助孩子认清自己的优势和不足；不要让孩子承受家长的压力，不要在人前议论孩子，不要过度关注孩子的成绩。除了小学老师，幼儿园和中学的老师也对家庭教育给出了自己的观察和建议，例如"幼小衔接最应该做的事"一文告诉我们幼小衔接的关键绝不是学科知识的储备。"家有初中生，如何交流才畅通"一文给父母们指出真正的爱是建立在尊重的基础上的。

家庭教育，任重道远。愿本书能为家长开展科学家庭教育提供参考与帮助，让家校社共同努力，为家庭教育、学校教育、社会教育合力的形成做出应有的贡献。

洪伟　李娟

2022 年 2 月 23 日

目 录

第一章 亲子关系

1

面对幼儿，你们的
沟通顺畅吗

北京市东城区春江幼儿园
王曼

"你这孩子怎么回事！跟你说了多少遍了，怎么就是不听话呢？"

"老师，您帮我们和孩子说说，我觉得他还是喜欢听老师的。"

"我跟你说话呢！你怎么不看着我？妈妈说话，你到底听见了没有？"

……

常有家长在与幼儿沟通时出现以上不顺畅的情况，家长很焦虑，孩子也不舒服。不顺畅的亲子沟通通常可分为三类，快来看看您"踩雷"了吗？

以压倒性姿态开始每一次沟通

我在带中班时，班里有个特别调皮的"小霸王"。一开始，老师和他说话时他从不与老师对视，根本就不愿意交流，因为会占用他玩耍的时间。几经引导与纠正，效果也不太明显。我们找到平时主要负责带孩子的父亲。一见面，爸爸就气不打一处来："你小子是不是又调皮了？老师都请家长了！"只见他一手叉腰，一手毫不给"面子"地指着自己的孩子，站在那里，"居高临下"！孩子下意识地后退，胆怯地看着自己的爸爸。

在接下来与家长交流时，我发现了为什么我们老师很难与孩子进行沟通的原因：原来，可怜的孩子根本没有在自己至亲那里感受过平等的沟通体验。

用敷衍的话语应付孩子的沟通需要

悦悦是我们班一个可爱的女孩子，近几天爸爸妈妈反映孩子平时在家十分不爱理人，经常耍小公主脾气，说着说着她的小嘴就撅起来了，他们也不清楚到底是哪里做得不对让孩子变成了现在这样。但之前她还是特别爱和老师同学聊天的，每天最开心的事就是到幼儿园里找小朋友和老师们玩儿。

有一次亲子外出活动，我们来到了美丽的中山公园，"妈妈！这个公园太漂亮啦！花都开了！"只见悦悦兴奋地拉着妈妈看这儿看那儿，而妈妈却敷衍地说："嗯，是啊，你先看，妈妈先回个信息。"悦悦显然对妈妈的回应有些不满意："妈妈你都还没看呢！你先看花，一会儿再弄手机吧！"这时，妈妈顾不上和孩子多说一句话，直到回复完信息才回应了孩子。

"唉，我们开花店的，这会儿正是旺季，真是太忙了，根本就顾不上！"这是妈妈应付孩子的沟通后无奈地给身边的人的"解释"。"谁说的！你和爸爸平时也都不怎么理我的，今天出来玩儿，你还这样，我都生气了！"悦悦说完一扭头，�’起了小嘴。

在与孩子的沟通中，如果您常常用应付的态度去回应，时间长了孩子心里没有"意见"才怪！在亲子沟通中，尤其是孩子发起了一个话题时，如果您没有认真倾听并积极回应，这对孩子一定是个不小的"忽视"，孩子表达的欲望和信心在大人这里被无情地"掐断"了。久而久之，孩子不仅会变得越来越不爱说，而且还会在你想要与孩子沟通时用同样的"应付"态度进行回应，这就是家长们常抱怨的孩子对大人说的话"爱答不理"。

很少给予或不给予孩子申辩的机会

不可否认，我们大人在生活经验、阅历、知识储备等方面确实比孩子要丰富多了，这里有的是我们从父辈那里学来的，有的是我们自己经历过的。家长们怕孩子"走弯路""走错路"，常常会选择在沟通时用说教的口吻来教导孩子，低龄幼儿可能一开始会十分听话，但到了中大班，孩子们便开始不那么"言听计从"了。

孩子犯错误时，有的家长经常不分青红皂白地训斥孩子，大一些的孩子心里会清楚哪些地方自己受委屈甚至是被误会了的，于是特别想要和大人进行解释，可大人往往自以为是，觉得自己已经了解了事情的全部，很少甚至从不给孩子解释的机会，这样的沟通不但不能让孩子心服口服，甚至还会为孩子种下一颗抵触甚至下次直接说谎的种子。

针对以上三类不顺畅的亲子沟通，我们为您支着：

首先，沟通的第一步也是最重要的一步就是放低姿态，平等面对幼儿。在需要与孩子就某一件事或某一个问题沟通时不妨先蹲下来，拉近您与孩子的距离，即便是孩子惹您生气了，也无需用严厉的眼神来"压制"孩子，您应该让孩子感受到，父母是来帮助他们而不是来指责他们的。

其次，认真对待孩子与您的沟通，尤其是他主动与您沟通交流的时刻！即便您真的没时间马上回应孩子，也一定要抽出一点时间认真和孩子进行解释，总归一句话：用心沟通，别应付孩子！

最后，请您时刻记住并反思：沟通虽然是双向的，但亲子间沟通的不畅大多都是我们大人这一方出现了问题。不管作为家长还是老师，希望我们大家都能时时自省，还给孩子一个平等、愉快、受尊重的沟通环境！

点评

恒迪

本文通过三类常见的情况，分析家长与孩子沟通不顺畅的原因，帮助家长对标思考，进一步找准自身可能会出现的问题，从而针对该问题获得有效指导。本文从放低姿态、平等面对幼儿；认真对待与孩子的沟通；时时自省三方面为家长出谋划策。愿家长与孩子真正实现有效沟通，帮助孩子形成积极的人生态度和良好的品格。

2 爸爸妈妈请"放手"

北京市东城区东四五条幼儿园
王君辉

"宝贝，快到姥姥这来，姥姥给你背着书包！""下雨啦，爸爸帮你穿雨鞋啊。""宝贝，妈妈喂你，再吃一口饭呗。""我叠不好，老师，您帮我叠衣服吧！"……

瞧，孩子们的事总是有人帮着做。长此以往，他们开始享受并更加喜欢寻求他人的帮助，久而久之，家长在对孩子"无微不至的爱"中就会出现"不放手"的情况。

"有一种爱叫放手。"家长在给予孩子无穷无限的爱时，是否问过他是不是真的需要；是否知道这种爱有可能成为一种负担。其实在孩子小小的身躯里，储存着大大的潜能，小小的手掌也能做出超乎想象的事。

从 4～5 岁开始，幼儿能够自己做的事情尽量让他们自己做。这个阶段的幼儿开始不愿意依赖别人，敢于尝试有一定难度的活动和任务；他们会在活动中表达自己的要求与想法；能注意到别人的情绪，有关心、体贴的表现；知道父母的职业，能体会他们的辛苦。

这个阶段的幼儿，动作的灵活度和精细度都有了不同程度的提升和发展。手部控制比以前更加灵活熟练，他们已经可以自己摆弄小物品、扣上扣子、解开扣子、系鞋带。大部分幼儿能用剪刀剪出直线来，能端平一杯水而不洒出来。他们很乐意玩那种需要摆弄很多小东西的游戏，在自己动手做事的过程中能够感受到成长的快乐与做事后的成功体验。

爸爸妈妈的"不放手"，体现在家庭生活中的包办代替。孩子总是享受着衣来伸手、饭来张口的"待遇"，致使他们在做事或是遇到问题时往往在第一时间就想寻求别人的帮助。家长常常意识不到这种"不作为"对孩子成长的阻碍，而且还会助长这种行为。久而久之，孩子形成了依赖他人的习惯，总是享受他人的服务就无法体会到成人的辛苦付出！

针对家长对孩子的教养，给出以下几点建议。

1. 要帮助孩子理解"爱"是相互的

"爱"不是单纯地享受，而是彼此的回馈，要让孩子学会尊重与感恩，在日常生活中要培养与锻炼幼儿的服务意识。在孩子服务意识逐渐增强的同时，还要让他学着主动去观察身边人的需要，从而产生出想要分担或共同承担任务（事情）的想法，让孩子的行为与认知能力得到良好发展，从而促成积极的社会行为的产生。

2. 要经常与孩子进行交流，不吝啬赞扬

培养孩子正确地接纳自己、认识自己行为的能力。在日常的生活中，用鼓励、奖励的方式，及时表扬、肯定孩子为成人分担收拾玩具、整理被褥等"小任务"的行为，鼓励他们做自己力所能及的事，从而使他们建立独立行为意识和服务他人的意识，体验成长带来的快乐感受。

3.要敢于"放手"

要放手让孩子自己做力所能及的事，增强自我服务的意识，体验成长带来的成就感。

家长要率先行动，尝试把自主权还给孩子。给孩子们自己支配自己行为的权利和机会，学会自己做事、形成良好的自主行为习惯，充分让他们在家得到锻炼，培养他们独立、自主、积极主动的品质。这种"放手"在促进他们良好的行为习惯形成的同时，亦为他们今后从容地面对社会打下了良好的基础。

点评

魏薇

服务意识是幼儿的天性，幼儿阶段是情绪的敏感期，是幼儿建立自我形象，认识自我价值的重要阶段。良好的行为习惯可以影响孩子一生发展，此文中通过分析问题成因、阐明年龄特点、梳理教育方法，让家长充分认识到在陪伴、教养孩子的过程中培养幼儿主动意识和良好的行为习惯的重要性。懂放手、敢放手、能放手、会放手，用正确的方式去培养幼儿的自我管理能力，让幼儿真正成为生活自主管理的小主人。

3

做轻松家长，
玩转亲子时光

北京市东城区明城幼儿园
于晓婷

小恩是中班的小朋友，妈妈平时由于工作繁忙而疏于对小恩的陪伴。一天，小恩在玩图形配对，妈妈则在旁边用手机工作。

"妈妈，你看我搭得高不高！""妈妈，别工作了，陪我玩一会儿吧！""妈妈，怎么拼？妈妈！妈妈！"

"你怎么回事？就不能好好地玩玩具吗？你看看恩熙、米莱，都和你一样大，为什么人家都能安安静静地玩自己的玩具？为什么你就不能？你再这样，妈妈生气了！"

小恩耷拉着脑袋，又回到桌边继续玩玩具，可是没过多久，"妈妈，妈妈"的呼喊声又充斥在房间的各个角落。

像小恩这样游戏时过度依赖家长的孩子，您家有吗？

陪伴不仅仅是陪在孩子身边，更多的是亲子之间的互动。高质量陪伴，其实就是能够读懂孩子的心理需求，在孩子需要自己的时候，给予恰当回应。如此才能够帮助孩子真正建立安全感，并为孩子未来走向外部世界，储备足够的心理资源。

但是在生活中，如何成为轻松的家长、玩转亲子时光，却让很多家长感到迷茫、束手无策。其原因有三：

首先，是思想观念的偏差。绝大多数的家长认为陪伴就是陪在孩子身边，看着或者带着孩子一起游戏。在亲子互动中大多数家长是游戏的主导者，幼儿则是被动的依赖者，当家长不参与游戏的时候，幼儿就会不知所措，出现过度依赖家长的情况。陪伴，不仅仅是陪在身边，更重要的是引导幼儿自主游戏，当幼儿在游戏中遇到困难的时候给予支持，培养幼儿主动游戏以及发现问题、解决问题的能力。

其次，家长对于幼儿的年龄特点和游戏材料的认识不深入，表现在对游戏材料玩法的认识停留在表面，没有根据幼儿的兴趣和特点引导他在游戏中发掘游戏材料的价值。在小恩两次对游戏失去兴趣的时候，我们通过观察会发现小恩在游戏中遇见了问题，此时就应该分析是游戏过于简单还是游戏超出了小恩的能力。

最后，家长对于幼儿的游戏观察没有针对性和目的性。幼儿玩游戏时，不仅要观察到他的游戏状态，还要看创造的空间，引导幼儿在游戏中发展能力。

真正高质量的陪伴，最好的方式不是"说给他听"，而是转化成孩子理解并能接受的语言——玩儿，去做给他看。这个"玩儿"，不仅仅是一种游戏的形式，更是父母与子女之间沟通的桥梁。孩子通过一起玩，去观察和模仿父母，学会与父母、与他人相处的方式；而父母通过一起玩，可以从孩子的角度去看待问题，用孩子能理解和接受的方式，把你想表达的鼓励、期望、界限、规则等信息传递给他，从而了解孩子的感受，走进孩子的内心，赢得孩子的信任。

那么，如何高质量地陪伴幼儿呢？

1. 用心观察，巧设情景

在案例中，我们发现小恩妈妈的关注点在于工作，对于小恩的游戏行为没有进行针对性观察。对孩子的游戏观察要带有目的性。在观察之前，我们应该分析游戏材料，熟悉材料的玩法以及想办法提高小恩的游戏水平。显而易见，小恩对于这套游戏材料已经很熟悉，能够在题卡的提示下，找到相应的卡片，放在对应的位置。其实这个时候，妈妈只需要增加题卡的难度，增加前后左右的空间概念，便可以再次吸引幼儿的游戏兴趣。

2. 适时地介入游戏进行指导

虽然我们常说家长要学会放手，给予幼儿充分的自由去探索游戏，但是适时的指导是必要的。例如幼儿对于力的作用很感兴趣，正在探索浮力，可是当幼儿的知识水平、探索能力与游戏难度不能匹配的时候，适时的介入很有必要，但需要保持与幼儿是平行者的身份介入，用暗示或者提示等方式帮助幼儿进行思考，或者可以提出相关问题让幼儿自行思考，从而找到解决方法。这也可以在一定程度上提高幼儿对于游戏的兴趣，也保证了幼儿游戏的自主性。

3．计划前置，设定游戏目标

游戏中幼儿对家长的过度依赖，很大的原因在于幼儿游戏的盲目性，因此游戏计划前置就显得尤为重要。游戏计划不仅能充分保证幼儿有自主的学习机会，而且对其成长有极为重要的意义。

首先，在游戏中我们可以通过语言帮助幼儿制订和调整游戏计划。例如在桌面建构游戏中，我们可以问一下幼儿：你想搭建什么？房子几层？怎么支撑？房子的窗户、大门怎么搭建？用什么材料搭建？请幼儿先画出自己的想法。基于计划，相信幼儿能很好地进行游戏。

其次，对于游戏中可能出现的困难，提前引导幼儿调动原有经验。例如在拼图中，图形比较复杂，可以引导幼儿观察画面重点图形的外形特征，从中心到四周进行拼图。

最后，可以在计划中设置难度，进行闯关游戏。

亲子时光是一段共同成长的旅程。孩子从父母身上学习如何探索世界，父母也从孩子身上学习自我改善。真正高质量的陪伴，就是走进彼此的内心，一起陪伴，一起前行，一起成长。让每一次陪伴都成为亲子关系的桥梁，成为一次走心的旅程。

点评

———

迟芳

3～6 岁是幼儿身体和心理发展的重要阶段，是性格习惯培养的关键时期。高质量陪伴，指能读懂孩子的心理需求，并给以恰当回应，帮助孩子建立安全感，为孩子未来走向外部世界储备足够的心理资源。真正高质量的陪伴，最好的方式不是"说给他听"，而是转化成孩子理解并能接受的语言——玩儿，在玩儿中做给他看。这不仅仅是一种游戏的形式，更是父母与子女之间沟通的桥梁。用孩子能理解能接受的方式，了解孩子的感受，走进他的内心，赢得信任。

幼小衔接最应该做的事

北京市东城区回民小学
肖威

当您的孩子要去一个崭新的环境开始真正的学习生活时，这对孩子和家长来说都是挑战，说不担心是不可能的。可能大家会羡慕家长是当老师的，觉得老师懂得如何教自己的孩子，其实不然，每个孩子都是一个不同的个体，他们的性格特点都不一样，每一个发展阶段也有着不同的变化，当老师和做家长一样，都是在不断地学习中总结经验，改善教育方法。所以我就想从在学校当老师和在家做家长的角度，和大家一起谈谈当孩子要上小学了，我们该做哪些准备。

在我做的几次面向幼儿家长的幼小衔接分享中，我被问到最多的几个问题就是：识字＋阅读、写字、作息＋时间管理，这类跟教学和孩子的生活实际相关的一些具体问题。其实真正难的是，要让孩子了解"上学"是怎么一回事，真正的任务是让孩子"爱上上学"。

对于孩子来说，小学一切的东西都是全新的，上学的最终目的是让孩子通过这样的形式，找到学习的方法、跟他人相处的方法、跟自己和世界沟通的方法。

幼小衔接≠提前学习

如果孩子提前学习，上学时已经完全掌握一年级知识，那么等真正到了课堂上，他们会觉得自己已经掌握了这些知识点，有可能会出现上课注意力不集中的现象，甚至会持续很长一段时间。

等到了三年级，孩子在一年级入学之前积累的知识已经用完了，而又没养成跟着老师循序渐进地学习的习惯，就会出现基础薄弱、学习吃力的现象。

我想大家会深有体会，毕竟，谁会愿意重复学习自己已经掌握的知识呢？

幼小衔接到底在衔接什么？

最近，教育部发布了《教育部关于大力推进幼儿园与小学科学衔接的指导意见》，这份指导意见一共提出了四个方面的教育建议，包括身心适应、生活适应、社会知识、学习适应。我在这里给大家提炼了几个重点，可以在幼小衔接阶段准备。

1. 培养规则意识和集体意识，学会与人相处

孩子终究会长大，终究会融入集体和社会，遵守规则才会让社会生活井然有序地进行。好奇心和探索从来都不是规则的对立面，相反，所有的探索都必须建立在一定的规则之上，否则会带来严

重的后果。

所以在幼小衔接的阶段，可以让孩子多参与集体性的活动，比如让孩子跟小区里的小朋友们一起玩，参加像足球、篮球这样合作型的运动等。

三思后行，体谅他人。比如放学的时候，在班级门口排队，有些同学会停下喝水，后面的人全部都要停下等他，这就是一个不好的习惯。我们应该告诉孩子先排好队，等解散了再喝水。如果孩子不注意这一点，很容易和别人发生冲突，最后影响到自己的人际交往。

严于律己，宽以待人。我们要告诉孩子，说话做事都要先换位思考，如果别人说话做事让自己不高兴了，也不要太介意，不要耿耿于怀。也许别人不是有意的，也许并不是针对你的，退一步海阔天空。

乐于助人，学会分享。鼓励孩子当好老师的小助手，为同学服务。如果有条件，可以引导孩子走上社会参加公益活动。很多一年级假日小队活动，就有关爱老人的活动。我们要告诉孩子，送人玫瑰手有余香，帮助别人的人也能得到别人的帮助。

2．养成每天阅读的习惯，让孩子爱上阅读

阅读这件事真的是太重要了，不仅仅是学校对孩子们的阅读有要求，大量的阅读也是孩子知识输入以及表达输入的基础。家长们常常会建议老师开书单，其实很多公众号上也有相关的推荐，我个人觉得只要孩子感兴趣并且适合这个年龄段阅读的就是最好的。

亲子阅读交流很重要，跟孩子亲子共读的过程就是一个分享的过程，这种过程对孩子的成长来说非常重要，既可以提高他的阅读兴趣，也可以让我们发现孩子的内心在想什么。很多时候，并不是我们在教孩子，而是孩子教我们怎样做一个更好的家长，怎样去追寻更好的教育。

3．可以练习一些技能型的运动

健康的身体才是我们学习生活的保障，要培养孩子坚持锻炼的习惯，拥有阳光的心态，在运动中提高自己的身体素质、协调能力以及坚持不懈、克服困难的精神。

小学阶段，不同年级对体育达标项目有不同的标准和要求，可以提前练习一下跳绳、仰卧起坐、坐位体前屈等项目。常常运动的孩子，协调性和运动性表现都会好很多，即使不会某项具体的运动，学习起来也很快。另外，运动对身高和视力都有帮助。

教育，不单是为了让孩子赢得一次考试或者考上好大学，更是为了培养他坚韧不拔、善于思考和勇于尝试的品质。哪怕他日后在生活和工作中遇到再大的困难，都不会是一个浅尝辄止、轻言放弃的人。

点评

鲍宇红

随着"双减"政策的实施，作为家长，如何消除焦虑、配合学校、帮助孩子做好幼小衔接，不论对幼儿、对家长，都是一次考验。文章中特别提到了幼小衔接绝不是学科知识上的储备，"到位"即可，不需要"越位"去做学校教育的事情。家长可以依照文章中的建议，培养孩子日常生活中的行为规范及生活规则意识，让孩子懂得集体生活及游戏的规则，学会关心他人和参加集体活动，养成阅读习惯和练习一些技能性运动，就能逐渐培养孩子的入学意识。

5

有效陪伴，
共同成长

史家教育集团（史家校区）
贾维琳

史家小学的学生曾发起过一个公益项目"放下手机，让我们在一起"。起因是孩子们发现家长在回家后，经常抱着手机，埋头苦看，甚至有的孩子笑称自己的家长为"被手机抓走的爸爸妈妈"。有研究表明，单纯受到忽视的儿童比仅受到虐待的儿童更容易发生心理、行为或情感的异常问题。

的确如此，家人的陪伴至关重要，更何况低中年级的孩子们年龄尚小，更渴望并需要家长的陪伴，但怎么才能发挥陪伴的实效性呢？这就要提到有效陪伴。

有效陪伴与陪伴，两字之差，却千差万别。何为有效陪伴？我想，其核心并不在于时间的长短或空间的远近，而在于双方心灵上的互动，孩子是否能够感受到父母传递的温暖与力量。因此在陪伴孩子时，家长朋友们可以注意以下几个方面。

有一定专心陪伴的时间

相信不少家庭可能都出现过这样的情况：因家长工作太忙碌，缺少陪伴孩子的时间。抑或是一家人在相处时，家长通常三言两语地应付孩子……不管是以上哪种情况，毋庸置疑的是都没有满足孩子对家长陪伴的需求。

拿出一定量的能够全身心和孩子相处的时间，这是一切有效陪伴的前提，千万不要让工作生活的忙碌成为不陪伴孩子成长的理由，更不要成为只"刷存在感"的父母。否则久而久之，孩子的物质需求虽然能够被满足，但精神上的陪伴却缺失了。所以建议大家合理安排时间，在繁忙的工作之余，争取每天都能安排出一定量的专心和孩子相处的时间。

有质量的陪伴

1. 主动了解孩子

随着孩子的成长，有些家长会发现孩子不像以前那么愿意主动分享自己的新鲜事了。这和孩子年龄增长，即将步入青春期有着很大的关系。面对这种情况，许多家长觉得"孩子不说，那应该没有什么事，我也就不问了"，或是向孩子一味地单向输出。长此以往，学生和家长之间剩下的只有"无言以对"，或是家长单方面的"指令性"语言。看似家长一直和孩子在一起，但却缺乏沟通，更失去了陪伴孩子的意义。

建议家长朋友们在每天和孩子相处的时间里，可以主动和孩子交流，问一问、聊一聊学校发生的事情。在交流的过程中，家长不仅能了解到孩子学习生活的情况，也有利于拉进亲子关系。如果有好消息出现，可以一起分享他们的欣喜与进步；如果听到不太好的事情，也可以一起分担他们的难过与痛苦，或是给予孩子正确的引导。

2．走进孩子的世界

有效陪伴，追求的不是高质量的看管与监督，而是能够用心和孩子进行交流，并站在孩子的角度去接纳和感受。有段话是这样说的："我，坐在斜阳浅照的台阶上，望着这个眼睛清亮的小孩专心地做一件事。是的，我愿意等上一辈子的时间，让他从从容容地把这个蝴蝶结扎好，用他 5 岁的手指。孩子，慢慢来，慢慢来……"

的确，融入孩子的世界是有效陪伴的重要途径。建议家长朋友们多关注孩子的需求与感受，享受和他们一起做一些小事情的时光。在这个过程中，家长和孩子双方都是愉悦的，状态是放松的。比如，亲子共读一本书、一起做家务或是动手制作，都是不错的选择。

3．及时给予孩子必要的帮助

孩子的成长历程一定伴随着磕磕绊绊，如果在需要帮助时，家长总是缺席，可能会导致孩子心中的不安全感长期存在，继而意图通过某些非常规行为来引起家人对自己的关注。当然，这也并不等于要帮助他们来摆平遇到的所有困难和挑战，否则有可能会把家长角色的陪伴变成事无巨细的包办。

建议家长朋友们关注孩子在不同年龄阶段的需要，在关键时机给予孩子恰当的点拨和帮助。比如，提供一些自己的宝贵经验，帮助他们找到解决问题的方向；或是给予鼓励，为他们应对挑战注入动力；或是给予安慰，安抚紧张、焦虑的情绪。这样不仅能增强孩子的安全感，还不会造成孩子过分依赖的心理，而且也能让亲子关系更加牢固。

4. 以身作则，树立榜样

俗话说，"孩子是父母的镜子，父母是孩子最好的榜样"。很多孩子都是以父母为模仿对象。举个例子来说，如果父母是"低头族"，陪伴孩子时经常刷手机，那么孩子可能会在很小的时候，就对手机产生好奇心，一有机会便会学着父母的样子玩起来。而等到家长想控制孩子手机使用的时候，即便花了很多精力，也可能不会有太好的效果。

希望家长朋友们切记：父母陪伴孩子的过程，其实就是给孩子树立榜样的过程。因此，以身作则，用自己的思想和理念去感染孩子，用行动去带动孩子，和孩子共同成长，才能更好地发挥有效陪伴的作用。

周国平曾说："生命中不可或缺的东西就是和孩子一起成长的记忆，我不希望在孩子最重要的时刻，家长缺席。"的确，在孩子的成长过程中，没有什么比父母的陪伴更重要。亲爱的家长朋友们，就让我们给予孩子真正的"有效陪伴"，守护他们的童年，与他们共同成长吧！

点评

赵慧霞

都说"陪伴是最长情的告白"，这句话同样适用于家长和孩子。家长在陪伴的过程中，科学适用的方法非常重要。作为父母，要给孩子树立一个好的榜样，在陪伴孩子的过程中全心全意，倾情融入，能够和孩子交流，在对话中提出自己的建议。这些建议包括对孩子的行为、习惯、价值观等方面的帮助，这可比单纯的说教更有效果。有效的陪伴有助于孩子建立自信心体系，这对孩子的健康成长至关重要。我们看着孩子出生，陪伴孩子成长，在这段生命旅程中，度过的每一天都是不可逆的。生命的美好，也正在于此。

6

工作繁忙，怎么和孩子建立亲密关系

史家教育集团（史家校区）

张弘

"老师，最近我发现孩子回到家以后，很少主动跟我和他爸爸沟通了，感觉他长大了以后，我们之间的话题越来越少了。我也不知道他在学校的表现怎么样？直接问他，他也不愿意跟我说。您说我该怎么办啊？"

小锋是我们班里一个活泼开朗的小男孩，他的学习成绩在班里属于中上等水平。在我的眼里，他是一个让人省心的孩子。但是，前不久他的妈妈找到我，跟我说小锋越来越不愿意跟父母沟通了。以前上一、二年级的时候，每天放学以后他都会主动跟父母说一说当天在学校里发生的事情。现在，他和父母的交流越来越少了。小锋妈妈说，她感觉自己和孩子的距离越来越远了。面对着孩子的变化，她不知所措，很想改变现在的相处模式。

在沟通中小锋妈妈告诉我，平时她和孩子爸爸工作都很忙，陪他的时间也很少。陪伴的时间少了，他们和小锋沟通的话题也变得越来越少，她感觉亲子关系没有以前那样亲密了。

　　其实，遇到过这种困惑的家长不止小锋妈妈一个人。父母都很疼爱自己的孩子，但是，平日里大家的工作节奏都很快，生活压力也比较大。由于繁忙的工作和有限的精力，很多家长往往更关注的是孩子的身体和学习方面的成长，而忽略了与孩子之间的情感交流。另一方面，随着年龄的增长，孩子已经从一个懵懂的小孩成长为具有独立思想和自主意识的个体，这时候他们不仅需要来自父母的关注和呵护，而且也需要父母给予有效的陪伴。高质量的亲子陪伴需要父母多和孩子进行良性沟通，从孩子的角度出发，以"知心朋友"、倾听者的身份与他们平等对话，尽可能多抽出一些时间陪伴孩子做他们喜欢的事情，参与、体验一些他们感兴趣的活动，让他们感受到父母真切的爱，问题也就迎刃而解了。

　　那么，父母如何在繁忙的工作中兼顾对孩子的陪伴呢？怎么做才能与孩子保持畅通、有效的亲子沟通，建立亲密、稳固的亲子关系呢？

　　首先，我们可以利用每天的碎片化时间多和孩子聊聊天，比如在接送孩子上下学或者一家人吃晚饭的时候，和孩子一起聊一聊当天在学校里发生的事情，包括开心的事情和不开心的事情，从孩子的描述中了解他在学校的状态。如果发现孩子在学习、人际交往等方面遇到了一些问题，父母就可以在第一时间给予孩子正确的引导和帮助。

在亲子沟通时，很多家长都习惯处于主导地位，以爱孩子、为孩子好为由，过多地干涉他们的学习和生活，有时候甚至替他们做决定。久而久之，孩子就会产生逆反心理，不愿意打开心扉，和父母沟通。其实，我们可以换一个角度，以朋友或者倾听者的身份和孩子平等地交流，这种交流不是敷衍式沟通，也不是简单地随声附和，而是基于情感共鸣、触碰彼此心灵的交流。我们要少一些批评指责、下结论的话语，多一些肯定、鼓励的语言。如果在沟通时想表达自己的见解，想给孩子提一些建议，可以尝试着把"我觉得你应该……"换成"你觉得……会不会更好一些呢？"这样能让孩子听着感觉更舒服一些。他们只有在心理上认同了父母的观点，才愿意在行动上做出实质性的改变。

其次，我们可以和孩子挑一个时间作为亲子阅读时间，在这个固定的时间里一起阅读感兴趣的书籍。每个孩子都渴望得到父母的关注，亲子阅读就是一个有利于增进感情的亲子活动。父母和孩子在同一个空间里共同做着一件事情，孩子能够在这个温馨和谐的家庭氛围里真切地感受到来自父母的关注和关爱。阅读完书籍后，我们可以和孩子聊一聊书里面的内容以及自己读完之后的感受。亲子阅读为父母和孩子提供了一个情感交流的平台，这种交流像是朋友之间的对话，在阅读与分享的过程中增进彼此之间的感情，增强信任感。心与心之间的距离拉近了，在生活中孩子自然而然地就会愿意和父母沟通，形成良性的交流模式。

除了亲子阅读，父母还可以和孩子一起做很多有意义的事情，比如参加户外运动、参观展览、体验农耕生活等。这些活动都能够帮助父母和孩子搭建沟通的桥梁，有助于他们在参与活动的过程中建立亲密的亲子关系。

其实，每个孩子的心里都有一个"爱的账户"。父母对孩子的关注和陪伴多一些，这个账户里的"爱"就会多一些。爱的分量越多，父母和孩子之间的亲密关系就越稳固。

再次，我们要注重家校沟通。父母在家里看到的孩子的表现只是其中的一面，通过和班主任、学科老师的沟通，能够更加全面地了解孩子现阶段的整体表现以及可能面临的困惑。如果发现孩子在学习或者个人成长方面遇到了问题，家长更要及时和老师沟通，协作配合，有针对性地制定相应措施，一起帮助孩子及时调整好状态。

在家校沟通时，我发现很多家长更关注的是孩子的学习成绩。其实，除了成绩，良好的学习习惯、行为习惯和健全人格的培养也很重要。好的习惯会伴随孩子的一生，使他们受益终身。良好的性格和健康的心理能够使孩子在人际交往中和他人建立积极、友好的关系，使他们在遇到困难、挫折的时候积极地面对。因此，关注孩子的心理健康和情绪也是十分必要的。班主任和各学科老师每天在学校陪伴孩子的时间要远远多于家长，也十分了解孩子各方面的状态。这时候，家校沟通就显得尤为重要。这就需要双方积极沟通，统一教育理念，在家校协同合作的基础上，对孩子的习惯和人格的培养给予持续的关注和正面引导，一起为孩子的健康成长保驾护航，成为他们成长道路上的共同守护者。

　　孩子的成长需要父母的陪伴，这种陪伴是有温度的陪伴，这种陪伴能够让孩子感受到来自父母的关心和关爱。爱是沟通的桥梁，爱也是增进亲子关系的催化剂。让我们用爱和陪伴助力孩子的健康成长！

点评

郭文雅

张老师从困惑家长已久的一个问题"为什么孩子不愿意跟父母沟通"切入，引入"小锋"的故事，首先分析了"小锋"的性格、不愿意跟父母沟通的原因；然后结合家校沟通了解的情况，发现这样的困惑不是个例，在亲子关系上遇到困惑的父母有很多。由于父母的忙碌和孩子年龄的增长，亲子之间沟通交流变得越来越少。沟通交流和陪伴对孩子来说是尤其重要的。张老师通过分析父母如何与孩子建立亲密、稳固的亲子关系，告诉我们家庭教育是孩子最早接触到的教育，父母是孩子的第一任老师，父母正确的教育方式对孩子的成长特别重要。

7

放学路上，与孩子聊什么

史家教育集团(革新里校区)

田文青

"老师，放学路上孩子总是自己一个劲儿地往前走，也不愿意跟我说话！"

"回家的路上，我问她今天学什么了，老师讲什么了，她总是不愿意跟我说。"

"他跟爸爸总有说不完的话，我一问他聊什么呢，他就闭口不谈。"

家长每次想跟孩子聊天，跟孩子聊某方面的内容，那其实表明了家长潜意识里最重视孩子这方面的培养，最期望孩子成为什么样的人。随着孩子年龄的增长，家长与孩子沟通的内容和方式是要不断转变的。家长总是在孩子放学时，迫不及待地希望从孩子口中得到自己最关心的问题的答案，但可能从来没有思考过孩子最想跟家长聊些什么，也不知道聊什么内容才是真正对孩子的成长有帮助的。放学路上与孩子聊什么有可能会影响到家长与孩子的关系。那么，家长应该跟孩子聊些什么？又要注意些什么呢？放学路上与孩子聊什么有这样三个原则。

坚持开放性

一天晚上，我们班小妍的妈妈给我发来微信，语气十分着急："老师，孩子最近在学校是发生什么事情了吗？我接她放学的时候她总是不愿意跟我说学校的事情，甚至到家了我再怎么问，她也不说。"我耐心地询问了家长以前在接孩子的时候会问小妍一些什么问题，然后我找到了问题的原因。在小妍进入中年级后，她的妈妈更加重视学习成绩，所以总是在接到孩子的第一时间就会询问孩子一天的学习情况或是考试情况，这往往是包括小妍在内的大多数孩子不愿意听到的。家长忽略了孩子已经在学校学习了整整一天，这时候询问成绩会无形中增添孩子的压力。于是我给提出了解决方法："明天再接孩子放学时，让孩子发挥主动性，最好是孩子愿意聊什么，您就跟着聊什么。"经过小妍妈妈的调整，几天后小妍又愿意与妈妈手拉着手，有说有笑地往家走了。

所以说，比起给孩子增添压力，让孩子说出自己最想和家长交流、最希望表达出来的内容尤为重要，孩子最想表达的内容往往是一天中让他最开心或是最难忘的内容，孩子通过回忆、表达的方式，再次获得快乐的体验。

注重针对性

"老师，您知道吗？我不喜欢爸爸接我，我喜欢让奶奶接我！"

我们班的涵涵噘着嘴跟我说。"哦？为什么？""因为爸爸总是板着脸，一放学就批评我，不是说我邋遢，就是质问我学习是不是没认真！奶奶不一样，即便我犯了错误，奶奶也总是在鼓励我。"通过孩子的几句话，我知道了涵涵爸爸身上的问题，他见到孩子总是批评和唠叨，这不是教育孩子的好办法。

交流的重点要放在能帮助孩子更好成长，或是能有助于培养孩子良好性格的内容上，并且注意说话的态度和语气。在孩子的习惯或性格出现问题时，家长要多一些理解和倾听，少一些唠叨和说教。听听孩子的真实想法，站在孩子的角度思考问题，提出有针对性的解决问题的方法，并且在一段时间内，每天放学后都针对这个问题与孩子心平气和地沟通，潜移默化地影响孩子，让孩子重视这个问题，从而向好的方向发生转变。

现在，涵涵爸爸在接孩子的时候总是先调整好自己的表情，用微笑面对孩子，我也再没有听到涵涵"抱怨"爸爸的话了。

发挥正面性

在与孩子、家长相处时我发现一个现象，如果家长的语言和对待生活的态度总是消极和不满的，那么孩子也会消极表达，遇到一点小事就会不开心。所以要发挥正面性，从放学见到孩子开始。在与孩子交流时，不要经常问一些"有没有受欺负""今天是不是不开心"之类的问题。因为家长在与孩子相处的过程中，自然流露出来的焦虑和负面情绪会影响到孩子。经过家长过多的消极暗示后，孩子也会像大人一样用消极的语言来宣泄自己的紧张、不满和不开心，这对孩子的成长来说是十分不利的。比如我班小安的妈妈就很会和孩子聊天，接孩子时问小安的每一个问题都是有意义的：今天有没有什么开心的事情跟妈妈分享？你今天有没有回答老师或者同学们的一个问题？你今天有没有提出一个很难的问题？今天跟哪个好朋友玩儿了？其实，怎样发挥正面性是没有统一模式的，家长要根据孩子具体的状态、心情和情景来选择有利于孩子发展的话题。

接孩子的路上，多一些开放式的提问，多一些正面鼓励，再多一些耐心，去聆听孩子的内心。在短短的放学路上，家长与孩子拥有了有效的亲子沟通，心与心的距离也更近了，何乐而不为呢？

点评

石增红

"沟通"一直是家庭教育中化解问题的方法，也同样是家庭教育经常出现问题的症结。田老师与家长分享了抓住"放学路上"这一碎片化、常态化时间的亲子沟通原则，满足了家长的需求，有较强的针对性。

另外，田老师结合实际问题及情景为家长推荐的沟通方法简单、易操作，有较强的实用性。不仅仅适合"放学路上"这样的时间，也为其他场景的沟通提供了可借鉴、可复制的方向，解决了家长的困惑，让"沟通"真正架起家长与孩子心与心交汇的桥梁。

学会和孩子
"好好说话"

北京市东城区新开路东总布小学

柏立丽

一天早晨，我忽然接到一个电话，电话中的声音慌乱而急促："老师，涵涵到学校了吗？刚才我们在地铁上发生点口角，她中途突然下车，我找不到她了。"这种情况已经不是第一次发生了，我也曾跟涵涵谈过，她说妈妈总是大声呵斥她，小时候她不敢回嘴，现在大了，也会以超过妈妈的音量去回敬妈妈。如果妈妈继续大声呵斥，她就只好用尖锐刺耳的声音去盖过妈妈的训斥。家里经常充斥着浓浓的火药味，全家都不得安宁。她很苦恼，有时候她情绪很坏，根本学不进去。

小时候，孩子跟父母无话不说，经常告诉父母那些让自己高兴的或不高兴的事情，可是为什么到了中高年级，有的孩子和父母的交流明显减少了呢？设身处地想一下，当我们与别人讲话时，如果话不投机，或被挖苦一顿，我们还会愿意再说吗？如果作为父母，你总是用指责、挑剔、数落甚至暴怒的方式说话，那么孩子还愿意告诉你真话吗？

那么，家长应该怎样好好说话呢？

放下身段，平等交流

绝大多数的家长在与孩子进行交流时总把自己放在强势的位置，没有把孩子当成有独立人格的自然人来看待，通常会采用不容置疑的、训斥的语气与孩子进行沟通。说话时总是用"不对！你应该……""怎么就记不住！""×××就比你强""如果有下次，你看我怎么……"这些命令、斥责、否定、威胁的语气训诫，然而，随着孩子年龄的增长，教育效果会逐渐减退，最终导致孩子与父母的对抗。

面对自我意识越来越强的孩子，作为父母，应该思孩子所思，想孩子所想，学会站在孩子的角度来感知、体会、思考问题。父母可以采用平等、商量的口吻与孩子沟通、交流，说话时多采用诸如"我认为……"或者"我觉得……"的句式，会使孩子有一种平等感、亲切感，他们就愿意把心里话告诉父母。父母还可以在进行一些日常活动时和孩子交谈，但重点要放在活动上，而不是谈话的内容上，双方也不必互相看着说话。这种谈话方式会让父母和孩子都能感到轻松自在些。

善于倾听，学会倾诉

倾听是良好沟通交流的基础，优秀的家长一定是孩子忠实的倾听者，如果家长要了解孩子的想法与感受，就应该让孩子敢说、多说，即使孩子真的犯了错误，父母也要静下心来，站在孩子的立场让他倾诉，在这个过程中尽量不要随便打断孩子说话，添加自己的意见与批评，要让孩子把心中的感受全部抒发出来，给予孩子一些积极的鼓励和正向的安慰，使他的心灵得到慰藉，烦恼自然也会消解一半。这样做不但可增进彼此的感情，也可以让孩子明白，当遇到任何烦恼时，回到家里都会得到父母的理解和支持，这也会增加孩子的安全感。

我认为沟通是互动的，是双方面的。如果家长只是一味倾听孩子的想法，那你的孩子就可能会变成一个只喜欢吐苦水、寻求别人帮助、却不会倾听别人的想法和帮助别人的人，所以睿智的家长也要学会向孩子倾诉，让他也能学会做一个倾听者，也能在倾听的过程中学会分析、理解、体谅父母与他人。

注重鼓励，懂得赏识

大多数家长往往都会注重鼓励孩子、帮助孩子。一个人的健康成长总是离不开鼓励的。孩子的成长路上更需要家长不断地鼓励，正所谓好孩子都是夸出来的。作为父母要看到孩子的优点，告诉孩子从一楼走到二楼是需要时间的。孩子只要进步一分，父母就要及时给予他正面、明确的表扬，让他看到前进的希望，鼓励他不断地超越自我，让他体会到成长过程中的快乐与幸福。

赏识是藏在心里的，是一种由内而外的爱，它不会随孩子分数、名次的波动而摇摆。赏识是孩子在遭遇困难时的一种鼓励，更是孩子犯错误时的一种宽容。作为家长，要善于用"美"的目光去捕捉、欣赏孩子身上的闪光点，正所谓"尺有所短，寸有所长"，每个人都有"闪光点"和可取之处，我们要在生活中发现孩子的优点，给予鼓励，学会赞赏，让亲子关系更和谐，让家庭更幸福。

点评

马长江

与孩子"好好说话"，真的是很重要。作为父母要学会停下手边正在做的事，看着孩子的双眼，给他百分之百的注意力，认真倾听，让孩子感受到家长所表现出的对他的重视与关心；作为父母要学会用欣赏代替责备，让孩子有足够的自尊与自信，更重要的是让他们的心情也愉悦起来。父母通过与孩子沟通交流，也是从另一个角度对孩子进行教育。无论是老师还是家长，都应该和孩子保持心灵的沟通，因为沟通、交流可以加强孩子的认知能力、辨别能力，丰富孩子的社会阅历，更有利于孩子的身心健康。

9

多子女，多点爱

史家教育集团（史家校区）
车雨

一个小汽车玩具，两个孩子争过来、抢过去。这时，一个大人的声音响了起来："你是怎么当哥哥的？你得让着你弟弟啊！"

本来说好姐妹俩轮流打扮芭比娃娃，该姐姐了，可妹妹死活不撒手，姐妹俩哭着打了起来。这时，一个大人的声音响了起来："你比你妹妹大六岁，你就不能让着点她吗？"

随着二胎、三胎时代的到来，"你比弟弟/妹妹大X岁，你得让着他啊！"这样的场景也变得越来越常见了。

相信不少家庭都曾出现过这样的情况：在老大和老二发生矛盾的时候，我们总会不自觉地批评老大，会认为他们是哥哥姐姐，因为他们年龄大，理所应当要让着小一些的孩子。其实，父母的本意也许是老二的年龄会小一些，老大要懂事一点，希望两个孩子互帮互助。但往往，这样的做法会让老大觉得父母偏心。

要知道，他们曾经是这个家庭中唯一的孩子，曾经独享着爸爸妈妈全部的爱，突然出现的弟弟或妹妹不仅"分走"了父母的一部分爱，还让父母对他们的要求莫名变高了。

大孩子的敏感、脆弱，往往就是在要求获得更多的关注和爱。

作为多子女家庭的父母，我们应该怎样做才能释放更多的爱，让两个或者三个孩子更和谐地相处呢？

抛开年龄，就事论事

子女之间有冲突是非常正常的现象，而父母要做的最重要的一件事就是——保持一视同仁。作为父母，我们难免会觉得年龄小的孩子更需要照顾，本能地就会让哥哥姐姐"让"着弟弟妹妹或者"迁就"弟弟妹妹。但是正确的做法应该是理性地评判对错，就事论事，针对问题本身解决问题，而不是简单粗暴地让大孩子退让，这会让大孩子心生委屈和不满。

树立榜样，维护形象

模仿是孩子的天性，榜样示范更是一种重要的家庭教育方法，因此，我们要给孩子树立榜样，并充分发挥榜样的作用。这就要求父母要在年龄较小的孩子面前维护哥哥姐姐的形象，在哥哥姐姐面前也不随意弱化小孩子的能力。相比较独生子女家庭而言，在多子女家庭中孩子的榜样其实会更多一些——父母是孩子的榜样，大孩子可以做小孩子的榜样，小孩子做得比较好的地方也会给大孩子提供示范。

固定时间，高质量陪伴

由于孩子之间的年龄差，父母花费在小孩子身上的时间势必会多些，在这种客观情况下，父母一定要找固定时间来和大孩子互动，高质量地陪伴大孩子。高质量陪伴，就是要接纳孩子本来的样子，而不是夹杂太多个人评判，也不是父母把孩子带在身边就叫陪伴。如果父母不是真诚地接纳孩子，而是强势地要求孩子按照自己的设想去做这做那，甚至在一起时只谈学习不问其他，那么给大孩子带来的心理创伤将是巨大且深刻的。高质量陪伴，其实就是在孩子需要的时候，给予恰当回应。这样做，即使陪伴的时间不太长，也能安抚大孩子敏感的内心。

主动"示弱"，寻求帮助

小宝宝的出现，让照顾孩子的生活又重新变得琐碎了起来。当小宝宝哭闹时，家长往往因为担心大孩子不会照顾弟弟妹妹，又怕小宝宝误伤大孩子，就会让大孩子去做他自己的事情，家长这种行为给大孩子最直接的感受就是：我是个外人，爸爸妈妈不爱我了。所以请家长们尽量不要忽略大孩子，别把这种爱藏在大孩子看不见的地方，让他 / 她也能参与到家庭工作中，这也是爱他 / 她的一种表现哦。

多子女时代已经来临，父母的爱更多一点，兄弟姐妹就会更和睦一些。

点评

宋菁

随着政策的鼓励与经济的发展，多子女教育问题也随之而来。作为一名一线的教育工作者，同时也是一位有两个孩子的母亲，车雨老师在生活中能够充分理解并分析孩子的心理，也清楚地知道家长的困惑。她结合实际为家长们提供了解决方法——在生活中注意与孩子们的沟通方式、运用多种沟通的策略、选择合适的情景进行交流，针对大、小孩子的心理特点、家庭以及自身因素等，让孩子们逐步从相互接纳到相伴成长。

10

有了老二，老大为什么不再乖巧懂事

史家教育集团（史家校区）

王映

近些年来，越来越多的孩子家里有了弟弟妹妹，设想的多子女家庭的快乐幸福还没有实现，冲突事件却已经不少。有一天，我突然接到了小娜妈妈的电话，问我孩子在学校状态怎么样。细聊之下，妈妈一边哭一边说家里一团糟：本来乖巧懂事的小娜，自从有了妹妹以来，就变得很情绪化，昨天晚上还因为晚饭问题和家人大吵大闹，变得不再懂事和乖巧；家里人每天都忙着解决老大老二的纷争，焦头烂额，他们完全体会不到多子女家庭的快乐和幸福。

这真的只是老大的问题吗？我们需要思考：老大的情绪和行为为什么会变得糟糕呢？原因在于：典型的同胞竞争障碍。

同胞竞争障碍是指随着弟弟或妹妹的出生，儿童表现出某种程度的情绪紊乱。多数孩子情绪紊乱的表现较轻，但竞争和嫉妒持续时间较久，还常伴有某种程度的能力退化，比如丧失以前已学到的技能，并有行为幼稚化倾向。

心理学家弗洛伊德认为，在一个家庭中，孩子在兄弟姐妹中的排行并不重要，重要的是他与爸妈的感情关系如何。不同年龄段的孩子产生嫉妒情绪的程度也会有所不同。六岁以下的老大仍然需要爸妈全身心的关爱，为自己带来安全感。有了老二以后，老大就会感受到一定的危机和不安，觉得自己的生活发生了翻天覆地的变化。现在很多爸妈甚至偏心老二，还明令禁止老大欺负老二，而老二可能会跟老大公然竞争，也可能靠耍点小伎俩来达到目的。这样老大经常感觉委屈，两个孩子之间的冲突和矛盾也会越来越多。

两个孩子，不管家长的天平倾向哪一方，都会引起另一方的不满，和谐的要点就是平等，要做到"雨露均沾"。二胎家庭的带娃技巧归根结底就两个字：平等。甚至可以在弟弟妹妹还不懂事的时候，要更偏爱老大一些，让他在情感上获得安全感。

如何让孩子不嫉妒二宝？如何让两个孩子能够和睦相处？也许家长们可以从以下几个方面思考。

1. 学会倾听，让孩子说出自己的想法和情绪，并及时回应

学会接受老大行为上的一些退步，那是因为他想用这种方式来获得你更多的关注和爱，很多人看到老大闹腾，觉得他不懂事，不理解大人的辛苦。我们要理解老大也是个孩子，他也需要爸爸妈妈的关注，不能因为有了老二就忽视老大。我们要更有耐心地对待老大的坏情绪，多沟通聊天，理解他们的想法，并及时回应。

2．刻意肯定老大的存在

老二需要的更多是生活上的照顾，对于老大我们要关注他的情绪变化，给予他更多的心理上的关心。我们还可以安排特定的时间单独陪老大，这段时间独属于他，给他一段特别的时光。这会让老大感受到父母的关心和爱，获得心理上的满足。当老大和老二都需要帮助时（比如安抚），先帮助老大，毕竟老大已经有点懂事了，而老二还什么也不懂。

3．不说"你是老大，要让着弟弟妹妹"

我见过的家庭中，只要是老大老二产生争执，家长都会说这样的话："你是老大，要让着弟弟妹妹，不是教过你孔融让梨的故事吗？"可是老大必须有这样的责任吗？老大必须什么都要让着老二吗？家长应当怎样做才能兼顾友爱与公平？我们可以教育孩子说，孔融让梨这种行为是我们的传统美德，我们生活在一个尊老爱幼的社会，互帮互助让我们的生活更和谐美好，但是不要强迫老大去让着弟弟妹妹，你可以告诉老大，出于对弟弟的关心爱护可以让着他，但不用委屈自己。一味地要求老大谦让，这样不仅对老大不公平，对老二的成长也可能产生不好的影响。老二从小习惯了被护着，就会产生所有人都要让着他的错觉，以至于到了社会还有这样的思想，这对老二的成长很不利。但家长也不需要绝对公平地对待两个孩子（比如买一样的玩具），要注意去发掘每个孩子独特的需求，单独对待，让孩子觉得自己是独一无二、是特别的。

4．逐步渗透分享、共生的理念，营造多子女家庭特有的氛围

不用着急让老大一下子适应多子女家庭的节奏，要循序渐进地引导。比如，留出独立的空间和时间陪老大，买一些带有正面、积极信息的兄弟姐妹的相关绘本，和老大一起阅读；让老大参与到照顾老二的工作中来，比如带他一起去买老二的婴儿用品，让他了解大人照顾孩子的辛苦，他也会因为自己能帮到一些忙而有参与感和责任感等；以老二的名义送老大礼物，让老大感受到弟弟妹妹带来的善意，反之亦然；多赞扬鼓励老大，尤其是可以当着两个孩子的面表扬老大的优点，树立起老大在弟弟妹妹心中榜样的形象；等老二再大一点，可以通过过家家、角色扮演等游戏，来帮老大和老二明确自己的位置与责任。要让老大觉得弟弟妹妹不仅仅是属于爸爸妈妈的，也是属于他的，属于整个家庭的。

点评

吴丽梅

随着二胎三胎政策的放开，多子女家庭教育课题提上了日程。因为受到多元价值文化、传统文化、独生子女文化等多方面的影响，家长会感到前所未有的挑战和迷茫。王老师根据自己的观察和学习，提出了多子女家庭的养育策略，帮助老大和老二和睦相处，值得我们学习和实践。在实践过程中遇到各种各样的困惑都是正常的，我们只有不断学习，因地制宜，与时俱进，根据家庭的实际情况制定切实可行的多子女教育策略，才能享受多女子家庭带来的幸福和快乐。

11

如何帮助孩子度过
第二个叛逆期

史家教育集团（史家校区）
卢明文

"老师，这孩子真是气死我了，打也打了，骂也骂了，怎么就那么不听话呢，让他先写完作业再玩，他就是不听，非要先弹钢琴。"

"老师，我们家孩子最近特别叛逆，我说他一句，他能怼我十句，我把道理掰开了、揉碎了讲，他心里都明白，就是跟你对着干。"

"老师，我们家孩子胆子有些小，希望您在学校多鼓励他，多给他一些机会锻炼锻炼。"

"老师，我们家孩子裤子最近总是膝盖破洞，这一周已经破了三条了，我和爸爸问了好几天了也不说怎么弄的，气得我都上手了，他还是嘴硬不说，您在学校帮我问问他，他最喜欢您了。"

……

进入三年级后，诸如此类的问题明显比一二年级多了很多，这是因为此阶段的孩子正好处于第二个叛逆期，即儿童叛逆期（7~9岁）。这个阶段，孩子的自主意识更强，不想要受到父母的控制，逆反心理很强，不想起床、不想写作业、不想吃饭等。根据我对本班孩子的观察发现，处于儿童叛逆期的孩子主要分为两类。

情绪急躁、冲动，直接与父母对着干

在儿童叛逆期，有些孩子特别容易情绪急躁、冲动，对父母的说教表现得异常排斥，有的甚至出现摔门而走、乱扔东西的情况。此类型一般发生在平时性格开朗、爱玩爱闹，也就是我们平时所说的外向型孩子身上。我们班的"叮当"就是这类孩子的典型代表。某天晚上，我突然接到了学校领导的电话，说我们班的"叮当"放学后与妈妈去书店买书，在买书的过程中，因与妈妈意见不合发生争吵，摔门而去，叮当妈妈已经找了好几个小时，至今未发现孩子踪迹，无奈之下只能求助警察，最终，在警察的帮助下找到了躲在街边角落哭泣的孩子。在与家长的沟通中，我了解到孩子自从进入三年级后出现了严重的逆反，变得"软硬不吃"，家长之前采取的效果还算不错的奖惩措施似乎一下子失去了作用，孩子情绪变得特别暴躁，不写作业，偷拿奖品，父母只要一跟她讲道理，她就摔门把自己关在房间里不出来，有时候甚至边喊边哭着说"没有人爱我"。看着原本开朗懂事的孩子突然变得不可理喻，叮当的妈妈也开始变得焦躁不安，有时候因为太过生气，还

忍不住动手打了孩子。

面对突然变得情绪暴躁、不可理喻的孩子，很多家长也像叮当的妈妈一样，看到孩子"不听话"就立马开启唐僧念经模式，一直不停地讲道理，结果越讲孩子越不听话，自己的火也被越拱越大，最后还忍不住打了孩子。如果你家孩子正处于 7~9 岁，那请你立刻收起你的咒语，你跟孩子讲的道理越多，孩子就越烦你。你需要做的是放下父母的权威，试着跟孩子做朋友，站在孩子的角度去思考、去感受，与孩子进行一次有效的沟通。

例如，当孩子不想写作业的时候，坐下来拉着他的手说："你能跟妈妈聊一聊为什么不想写作业吗？"而不是说："你赶紧写作业，作为学生写作业是你的任务，你看爸爸妈妈辛辛苦苦工作不都是为了你吗？你还不好好学习。"当你以朋友的姿态跟他沟通的时候，孩子必定会"吧啦吧啦"把不想写作业的原因告诉你。此时，聪明的父母要根据孩子给你的答案顺势引导。比如，有的孩子不想写作业的原因是觉得老师布置的作业太简单，不屑于写，这时你可以引导孩子换位思考，分析老师布置这项作业的用意，如果实在如孩子所说，作业确实对孩子来说是无用功，可以引导孩子自己去跟老师沟通，看是否可以用其他适合他水平的作业代替此项作业，让孩子切实感受到妈妈确实是在帮助自己。

情绪低落，拒绝与父母沟通

处于第二叛逆期的孩子，还有一类是情绪低落，拒绝与父母沟通，这类孩子一般属于平时乖巧懂事，但是性格偏内向的孩子。我们班的萌萌就是这类孩子的典型代表，性格乖巧，但是看起来总是很忧郁，并且从不跟父母说自己的感受。上学期的某一天，我带队放学，突然发现萌萌对着自己脸就是一巴掌，我赶紧抓住了她再次挥向自己脸的巴掌，让班长把她带回了教室。在与萌萌的沟通中，我了解到她之所以给自己一巴掌，是因为数学单元测试考得不理想，她心里难受。在与萌萌的沟通中我了解到，萌萌的妈妈对她要求非常严格，数学计算题只要错一道就罚一百道，有一次因为萌萌连续错了好几道题，妈妈罚她做了五百道。我问她当时什么感受，她眼圈红红地对我说："老师你知道吗？那一刻我真的想从楼上跳下去。"我说："那你怎么不把你的感受告诉妈妈？"她说："我告诉她，她只会说我矫情、活该，会罚我更多。"

听完萌萌的话，我心里特别难过，我从未想过一个刚三年级的孩子，会有过一死了之的想法。在与萌萌妈妈沟通时，她说："这个孩子从来不跟我说她的想法，特别是进入三年级后总把自己关在屋里，也不知道她在做什么！"作为父母，我们是否想过孩子为什么从来不把他们的想法跟我们说？面对萌萌这种类型的孩子，建议家长多一些关爱，多多陪伴孩子，了解孩子的真正想法。

点评

———

冯思瑜

对于文中提到的案例，可能让人初看觉得有些诡异，但是这些确实是真实发生在班里的事情。同时，这些案例也告诉了我们家校沟通的重要性。老师用生动、真实的案例告诉我们当孩子对家长产生叛逆和抵触的情绪时，我们应该怎么做，学会换位思考、和孩子做朋友、有效沟通真的很重要。相信老师的教育智慧能引发家长们的思考，老师把对孩子的爱传递给了家长，用真实的故事触发了家长深刻的思考，引导家长学会将问题防患于未然，通过有效沟通让孩子平安度过第二个叛逆期，健康快乐地成长。

12

高年级孩子不听话，怎么办

史家教育集团（史家校区）
化国辉

孩子随着年龄的增长，无论男孩还是女孩，和小时候相比，都会出现不听话的现象，只是表现形式和程度有所不同而已。

面对这样的孩子，家长应该怎么办呢？今天我们就来交流一下这个话题。

案例：小童是个五年级的男孩，家中的独子，从小在家里得到所有大人的宠爱。孩子有着清秀俊朗的外表，在外面也是人见人爱。妈妈对他的照顾无微不至；爸爸觉得男孩子只要不太出格，有点小毛病也没什么。在这样宽松的环境中，孩子到了小学高年级，家长发现孩子越来越不听话。有时候好说歹说都不行，直到家长发火了，才极不情愿地收敛一些。眼看孩子越长越大，学习任务也越来越重，可他自己却完全不当回事，学习成绩起伏不定，家长很是着急。

仔细思考这个案例，其实可以给我们带来不少启示。

产生的原因

1. 过于宽松的成长环境，不一定都有利于孩子的成长

拿案例中的孩子来说，在父母该给他立规矩的阶段，过度宽松的教育方式使孩子没有建立起基本的规则意识、责任意识。心理学专家李玫瑾认为"六岁前一定要给孩子立好规矩，否则就晚了"。

2. 关注了陪伴，忽略了成长

现在大多数家长很注意培养与孩子良好和谐的亲子关系，甚至是陪孩子一点一点玩出的感情。但不知不觉中孩子长大了，父母却理所当然地认为孩子应该更懂事了、更自觉了。但之前缺少循序渐进的规矩建立和素质培养过程，怎么这时就成了理所当然的呢？同时，家长也忽略了孩子到高年级，正处于自我意识从"社会自我"逐步发展到"心理自我"的关键期，此时非常容易出现不同程度的逆反状态。面对孩子的这一变化，有些家长显得无所适从。

3. 应对不恰当，造成教育的适得其反

面对这种情况的孩子，家长一般会采取两种方式：一种是继续苦口婆心地讲道理、劝告，但从孩子的反应看，有的收效甚微，有的不但没有效果，还会招来孩子的厌烦、不满；另一种是大声呵斥、历数以前的错误甚至动手，结果问题依然没有得到解决。由此可见，面对家中不听话的小学高年级孩子，科学的教育方式、恰当的教育态度显得尤为重要。

科学应对，化危为机

1. 控制情绪，充分了解与理解孩子

（1）控制情绪。孩子在此时出现的一系列问题，大多与他所处的生理阶段有关系，家长没必要反应过激。与孩子交流的前提是要关注孩子的情绪，当孩子正处在情绪不稳定的状态中时，不宜与孩子进行交流。因为此时的任何交流都很难得到一个理想的结果。切记成人一定要比孩子更有控制力才行，当家长控制不住自己的时候，也不宜进行交流。因为这时即使是孩子正当的诉求，也有可能被误认为无理取闹或不思悔改，从而让家长更加恼羞成怒。

（2）充分了解与理解孩子。今天的世界真的是日新月异，家长与孩子虽然年龄相差不过二三十岁，但社会环境已经发生了翻天覆地的变化。因此家长过往的成长经验，只能作为参考，而不能成为教育的绝对依据。当孩子表现得不听话时，对于他的诉求，我们要分析哪些是合理的，哪些是不适宜的。此时一定要认真倾听孩子自己的想法，不能简单草率地下结论。而家长认为不适宜的，往往正好是孩子最看重的，这也是很多矛盾的根源。此时家长应该明白，孩子的任何问题和现象都不是突然出现的，只是我们之前在问题的萌芽阶段，没有敏锐地发现而已。而纠正这样的认识和行为则需要更多的时间，需要耐心和恒心。切忌操之过急，否则适得其反。

2. 选择恰当的教育方法，化解成长中的问题

（1）在处理问题过程中，要懂得曲线上升的道理。孩子的成长

不是一蹴而就的。在面对问题时，家长要懂得适当妥协。与孩子交流或解决问题时，不能只希望孩子改变，而家长却丝毫也不退让。

（2）在面对孩子出现的问题时，要就事论事，不要牵连甚广。孩子出现问题时，可以就当时的问题与孩子进行沟通。不能一边沟通，一边历数他曾经犯过的类似错误，影响沟通的氛围和心态。

（3）要帮孩子建立正确的价值取向，树立明确的目标。我们前面说的大多数都是亡羊补牢的办法，虽然可能有效，但不是最好。最好是不让问题发生，或降低发生概率和频率。如果孩子心中有理想、有目标，行为出现偏差的概率就会很低。

每个孩子都是独特的，每个孩子成长过程中可能出现的问题也千差万别。通过理性的分析、科学的方式、良好的心态，会让我们更容易找到问题解决的正确途径，建立良好的亲子关系，助力孩子健康成长。

点评

王晔

无规矩不成方圆，社会运转需要规则，孩子的成长也不例外。本文介绍了家长要因时制宜，用科学恰当的教育方法化解成长中的问题。在孩子关键时期，立规明矩。如果说孩子是风筝，决定风筝飞多高多远的，不是风力，而是手握风筝线的人——父母。立规矩是从根源上解决问题，通过培养孩子的自控能力，建立起受益一生的内在规则。

13

倾注更多关爱给单亲孩子

史家教育集团（史家校区）
李芸芸

单亲家庭的孩子是一个特殊的群体，他们不仅在生活上经受了比普通孩子更多的磨难，而且受到家庭分解所带来的负面影响，心理上极易失衡，从而导致行为上的偏差。对于这样的孩子，应给予更多的理解与关爱，帮助他们克服困难，直面挫折，感受温暖，从而更好地生活。

班中有一名性格内向、沉默寡言的孩子，叫小林。他脾气偏强，朋友较少，但学习成绩一直名列前茅。最近一段时间，小林经常迟到，上课不专心，成绩下滑，而且总是把各种玩具带到学校玩，多次被科任教师批评。这样的情况让我疑惑不解：小林是个乖孩子，不应该这样啊，一定有什么其他的原因。

经过与孩子和家长的深入沟通，我才知道，原来前些日子小林的父母因为感情不和而离婚了，他们平时经常在家中发生争吵，年幼的小林感到很害怕。后来他跟随妈妈生活，妈妈又忙于工作，对小林的教育和心理状态关注得很少。小林有很多委屈只能憋在心里，没有人去倾诉，家庭的破裂也让他感到很自卑。

其实像小林一样的孩子，在当前社会是越来越普遍的存在。孩子很容易受到家庭环境骤变带来的负面影响，在他们的幼年时期，没有得到温馨滋润的父爱和母爱，特别是在遇到家庭变故后，刻骨铭心的惊吓与焦虑使他们幼小的心灵产生了被遗弃的情感体验，极容易"自暴自弃"或"自轻自贱"。有的单亲家庭因离异前夫妻矛盾不断，对孩子造成了较大的伤害。心灵的伤痛往往会造成性格孤僻、情绪忧郁、自由散漫、缺乏自信……这些孩子在家里经常战战兢兢、诚惶诚恐，渐渐地，在人际交往上就形成了胆小、孤僻的性格。

面对这样的情况，作为孩子的家长，我们应当如何做才能帮助孩子抚平心灵伤痛，帮助他们健康、快乐地成长呢？

给予孩子双重的爱

单亲家庭的孩子心理始终是有缺憾的，不管孩子在父母的哪一边，作为父母都要关心他们的成长，不要让他们认为爸爸妈妈不爱自己了，感觉自己被抛弃了。被抛弃感会对孩子的身心健康产生影响，如果不及时弥补，将会是孩子一生的遗憾。

父母要多抽出一些时间陪伴孩子，让孩子感受到完整的爱，而不是缺失的爱。单亲妈妈要告诉孩子：爸爸妈妈都是爱你的，现在爸爸不在身边，妈妈会比以前更加疼你爱你，也会像爸爸一样严格要求你。这时作为妈妈，要弥补孩子缺失的父爱，就要身兼两职，给予孩子父亲和母亲双重的爱。让孩子既感受到母亲的温柔和细腻，也感受到父亲的权威和严格。

尝试改善家庭教育方式

1. 不要吝惜你的赞美

在教育孩子时，我们不妨换一种方式：以积极心态评价孩子的学习与生活，以找孩子的闪光点为主，多给孩子正能量，不把一些负面评价强加在孩子身上。那么如何发现孩子的闪光点呢？我们要多观察，可以是一瞬间发生的小事或某一个简单的动作，某一句好听的日常礼貌用语等。比如：小椅子倒了，他扶起来了；看见掉在地上的垃圾，他捡起来了；小朋友请他吃东西，他说谢谢了；别人的爷爷奶奶来了，他问好了……其实这种很随意的举动往往是难能可贵的，我们要基于观察到的每一个小细节来赞扬孩子，让孩子感受到爸爸妈妈的关爱。

2. 加强亲子沟通

家长能否和孩子进行良好、有效的沟通，对单亲家庭孩子的成长至关重要。亲子沟通能够使家庭成员增加交往意识，能够引导孩子说出内心的真实想法，并乐于倾听，只有在这种平等的沟通中，孩子与家长之间的交流才能达到心相印、情相融的效果。如果我们希望孩子有健全快乐的人格，就要经常与孩子进行沟通，适时让孩子抒发自己的感受，从而发掘他的愿望与需要，给予支持和鼓励。

同时，亲子沟通也要以身作则，身体力行。身体的语言通常比千篇一律的教导更加有效。试想，当一个懒惰的妈妈教导孩子勤劳时，孩子真的会听话吗？大概率是不会的，因为妈妈自身的表现是不具有说服力的。每个孩子都有一双精明的眼睛，父母就是他们观察模仿的第一个对象。所以在亲子沟通中，家长们如果能身体力行地进行教导和实践，相信这样的沟通肯定会事半功倍。

3．为孩子营造良好的文化氛围

作为单亲家庭的父母，要十分注意自己对孩子行为方式、心理状态以及性格特征可能产生的巨大影响。要时刻注意自己的言行举止，不要在孩子面前表现出不良习惯，如说谎、食言及说脏话等。也不要根据自己的喜怒哀乐来对待孩子，否则坏习惯的不良影响可能会使一个好端端的孩子渐入歧途。

我们可以经常带孩子去听听音乐会，看看书画展，进行亲子阅读，陪伴孩子一起做有趣的游戏等，为孩子营造一个良好的文化氛围。

4．让孩子学会承担家庭责任

一般来说，父母是孩子的第一任老师，孩子也往往会活成父母的翻版，身上多多少少都会有父母的影子。对于孩子的教育问题，有的单亲母亲或父亲，对孩子是"溺爱式教育"，觉得孩子从小缺失一种爱，自己要加倍补偿，孩子要什么就给什么，最终反倒把孩子给惯坏了。

不要因为孩子失去父爱或母爱就格外地娇惯他，要放心大胆地让孩子去做力所能及的事情，让孩子了解家庭的各种情况，必要时可以让孩子参与到对家庭的重大事情的决策中。在孩子做力所能及的事情时要多鼓励他们，从而培养孩子的独立能力。让孩子从小就知道自己对家庭也负有一定的责任，使他们长大成人后能自觉担负起对家庭对社会的责任。

多为孩子创设人际交往的机会

单亲家庭的孩子性格容易内向和孤僻，家长可以尝试让孩子多接触社会，多为孩子创设一些人际交往的机会，这也是一种良好的矫治方法。

家长应该多鼓励陪伴他们参加集体性活动，培养积极情绪和优良性格。可以定期带孩子参加一些家庭聚会、班级同学聚会、集体运动等，让孩子结识更多的伙伴，尽快从家庭变故的悲伤中走出来，逐渐形成开朗自信的性格。

单亲家庭孩子自信心的重建之路任重而道远，需要班主任一点一滴的努力，需要家长一寸一步的配合。但愿，单亲家庭孩子精神的蓝天能够永远蔚蓝，他们的内心能够永远充满光明、向上和积极的因子，情感世界能够永远温暖如春。

点评

———

冯思瑜

　　每个班可能都会有单亲家庭的孩子，父母离婚确实会给孩子带来一些困扰。李老师从"心"出发，告诉老师要真心对待孩子，引导家长用"心"雕琢孩子，学会用正确的方法呵护孩子，塑造他们的心灵。李老师提出了很多可操作且实效性强的好方法，让家长以身作则，能够关注到孩子的心灵，从而让单亲的孩子健康快乐成长，让亲子关系更和谐，让家庭更幸福。同时，字字句句中表现出了教师的爱生如子，也引导家长给予单亲家庭的孩子更多的关爱，家校携手，共同呵护孩子幼小的心灵，让孩子们的笑容依旧灿烂。

14

单亲家庭如何培养孩子

史家教育集团（实验校区）
祁冰

"我工作特别忙，我得挣钱养活他和他奶奶，孩子的情况我真不知道，都是他自己弄的……"

"您看我家孙子没有妈妈，一直是我带大的，这孩子多可怜呀，作业没写就别写了，您就当不知道吧……"

当老师联系单亲家长时，有时会遇到以上的回应。家长们有的因愧疚而溺爱放纵，有的因精力不够而忽略对孩子的陪伴培养，但孩子的成长只有一次，错过就无法追回。单亲家庭怎样才能更好地培养孩子呢？

家长自我认识与改变，给孩子注入积极的生活态度

单亲家庭教育中，当孩子出现问题时，家长总会把原因归结于父母离异上，抚育方不愿意让孩子见到另一方，甚至还会说对方的坏话。长此以往，让孩子感觉另一方父母的不好，会导致孩子没有幸福感和安全感。建议家长在生活中，不要过于强调"单亲"

这个字眼，不要偏离正常的教育轨道，要勇于走出婚姻失败的阴影，向家人和朋友寻求帮助和支持，减轻情感和精神上的压力，敢于面对生活，接受新问题，乐观积极地开启新的人生，为孩子树立人生的榜样，教育孩子树立正确的世界观、价值观、人生观。

虽然父母分开了，但是对孩子来说，谁都无法替代和割舍，家长需要在日常生活中多说孩子另一方父母的好话，让孩子知道父母双方对他的爱是一样的，离婚后父母不能在一起和他生活，但并不会因此而影响父母对孩子的爱，让孩子在宽容、理解和爱中成长，这样孩子就会拥抱一个美好幸福的未来。

家长要觉察自己是否因愧疚对孩子放纵和溺爱

小刘同学总是和同学发生冲突。他的爸爸说："我工作很忙，经常不在家，家里只有他和奶奶，他要学会保护自己，不能受欺负……"可以看出，爸爸因为无法陪伴孩子而产生的内疚变成了错误的认识，潜意识里放大升级了同学之间的冲突矛盾，给了孩子不恰当的引导和放纵，影响了孩子的人际交往。长此以往，可能会严重影响孩子明辨是非、与人交往、尊重他人、融入社会的能力发展。

还有些单亲家庭的家长为了弥补孩子失去的爱，便对孩子过分地宠爱娇惯，长期对孩子百依百顺，造成孩子以自我为中心，专横、任性。建议家长为孩子创造和谐温馨的家庭环境，与孩子一起观看或者阅读一些乐观自信、友善待人的电影和书籍，了解中国传统文化和礼仪知识，丰富孩子的课余生活，拓展孩子的眼界，引导孩子发展自己的兴趣爱好，鼓励他们与同龄孩子交朋友，一起学习、游戏，让他们感到愉快，使他们性格开朗活泼。让他们在互动中发展能力，学习正确处理与他人的关系，学会尊重自己、尊重他人，培养优秀的精神品质。

家长给孩子的陪伴要重视质量

单亲家庭的家长往往一人承担抚养孩子的责任，要早出晚归地工作来养家，自然就缺少时间陪伴孩子，无法关注孩子在学习、习惯和思想等方面的状态和变化。这虽然是一种现实上的无奈，但必须引起重视，就算无法保证时间，至少陪伴要高质量。

建议家长要经常跟班主任沟通孩子的在校情况，同时让老师清楚了解孩子在家的表现，携手共同关注和教育孩子，达到事半功倍的效果。与孩子交流时，要告诉他哪些表现得到了老师和同学们的认可和表扬，家长也要及时肯定孩子付出的努力和取得的成绩，让孩子感受到老师、同学和家长对他的重视和关心，体会到爱的温暖。当孩子出现一些问题时，家长可以让孩子说一说发生的事情，认真聆听孩子的表达，用心去体会，了解孩子的心理和情感需要，帮助孩子排忧解难，既要在生活和学习上关心孩子，抓闪光点、找兴趣点、提自信心，又要在行为习惯和思想品格的养成方面不疏于管教。在家中也要鼓励孩子承担自己的责任和义务，家长需要让他明白，他是家里的一员，能够发表自己的意见，要担当起一定的责任，尽最大的努力为这个家做力所能及的事情。

　　总之，单亲家庭教育孩子不单单要从物质上满足他们，更要选择适合他们的教育方法，使心灵受到伤害的孩子与其他孩子一样能健康快乐地成长。

点评

高金芳

当今多元的社会、开放的环境、快节奏的生活，家长与孩子没有彼此选择的权利，唯有珍惜。生活中有许多不如意，有些是我们无法改变的客观存在。只有调整自己心态积极面对，在逆境中寻找一份心灵的安慰，让阳光温暖心底的寒冷。物质的富足只是一时，真正长久的是内心的阳光与能力的强大。而这些来自于陪伴，高质量的陪伴。心灵间无障碍的沟通，是孩子成长的动力与方向。感谢祁老师带给我们的理性分析和思考。

15 如何更好地支持自闭症儿童

史家教育集团（实验校区）
韩凯旋

一天早上，我接到德育主任的电话，"喂，韩老师，您班的一名学生在学校门口哭着不肯进校门，您可以来看一下吗？"我放下电话立即跑到校门口，只见我们班的明明正坐在地上哭泣着，无论怎么劝，他就是不肯进学校。后来，我了解到孩子患有自闭症谱系障碍。因为今天穿的这双鞋不是他喜欢的，所以就不肯进学校，妈妈生气了，又着急上班，就把孩子留在门口，自己先走了。

每当孩子不听话的时候，家长一开始还可以保持冷静，与孩子讲道理，但是当发现孩子没有任何想要改正的迹象时，就会变得急躁，说一些不好的话伤害孩子，虽然明知这样做是不对的，但根本停不下来。长此以往，孩子的内心是恐惧和紧张的，这些话听在孩子的耳朵里，走进了孩子的内心，久而久之，孩子就会认为自己是不好的，做什么事情都做不好，陷入了深深的自卑之中，不愿意与人交流。

对于这样的孩子，作为家长，可以采取下面几种方法：营造愉快的家庭氛围，让自己充满热情和感染力，强化孩子对成功的满足。

营造愉快的家庭氛围

与自闭症儿童沟通的首要原则是愉快，心情好是自闭症孩子愿意参与沟通的必要条件。愉快的气氛可以有效地调节他的情绪，化解压力，激发自闭症孩子的内驱力。于是，我告诉家长：和孩子有关的，都要和孩子商量沟通。不要仅仅按照自己的意愿去安排孩子，强硬地让孩子接受，要和孩子先商量或者沟通，让他知晓，并且询问他的意见，再三协商之后再和他决定怎么做，充分地尊重孩子，让他觉得父母尊重自己的想法。

特别忙的家长可以利用碎片化的时间多陪伴孩子。例如，下班或者睡前，和孩子玩玩游戏或者说说话，孩子也会觉得满足。另外，让孩子在家可以自己做主也是十分重要的。在家除了平时要注意的安全之外，其他的事情都可以让孩子适当地做主，他们想怎样安排学习时间，想吃什么东西，都让他们充分地按照自己的意愿来，并且有充分的发言权。在家里给孩子提供一片属于自己的小小天地，而不用事事都得询问父母，这样的自由对于孩子来说是一种信任，并且给了他们尊重。

营造愉快的家庭氛围，可以让孩子在家庭中感受到快乐。作为家长，营造愉快的家庭氛围是非常重要的，在良好的家庭氛围中，孩子的性格才会得到良好的塑造。

充满热情和感染力

感染力就是家长要以自己的语言和行为去影响孩子所表现出的情绪力量。通过情绪的感染，使自闭症孩子体验到愉快、振奋的情绪，使他们模仿或重复这一类语言和行为。

在家里，家长可以多和孩子热情地表达爱。不用说很多的话，一两句能表达出你对孩子的爱即可。不用声音特别大，可以通过简单的动作表现出内心的赞美，比如：拍拍肩膀，竖个大拇指。不要在孩子耳边一直唠叨，这是最让孩子心烦的行为。

强化孩子对成功的满足

研究表明，利用表扬或批评也能唤起自闭症孩子相应的情绪体验，可以强化孩子对成功的体验和激发孩子对成功的满足，并对行为起巩固、调整和校正的作用。

表扬孩子时，家长可以针对具体的事情进行夸奖，这样更有说服力，同时也会帮助孩子正确客观地认识自己。当孩子某件事情做得比较好时，比如写了一幅精美的书法作品，考试取得了好的成绩等，你不能只是简单夸他"真聪明""你太棒了"，而应具体夸夸他的行为，比如："你看，你这段时间每天坚持练习书法，特别努力，功夫不负有心人，你的作品得到了老师的赞美。"这比夸他"真棒"更有用，是对孩子行为的肯定。

自闭症是广泛性的发育障碍，表现为社交能力缺失和重复刻板行为和思维方式，他们认识世界的能力、自我表达的方式都和大多数人不同，需要我们尊重、理解和包容，需要家长有足够的耐心支持和引导孩子。

点评

崔韧楠

韩老师这篇文章，用班级学生的实际案例进行深度分析，对自闭症儿童显性的特点进行梳理，为家长提供建立良性关系和有效沟通的方法——为自闭症儿童营造温馨、和谐、舒适的氛围，让其不排斥环境，自然而然地融入氛围；用良好的情绪和愉悦的沟通方式，与其聊天说话或是共同完成一个任务，并用积极的语言表达鼓励和肯定，激励自闭症儿童不断地进步，强化优势。文章研究的问题有宽度、广度和深度，能给予自闭症儿童家长切实有效的指导方法。

16

家长应该怎样与老师沟通

北京市东城区西总布小学
于菁

——"小琪妈妈，孩子总不能按时交作业，您能否每天在家看着他把作业写完呢？"

——"老师，我每天下班到家都八、九点钟了，孩子说写完作业了，或者已经睡觉了，我也没有办法。老师，您能不能在学校多看着点儿他，盯着他把作业写完？"

在老师与家长沟通的过程中，经常会出现类似的尴尬局面。针对孩子出现的学习、行为习惯或是校园生活中的问题，老师的确也比较焦虑，教学任务重，班级事务管理纷繁复杂，难免会出现埋怨家长、向家长告状的现象。而家长对于老师反映的问题，多数想法是：孩子一天都在学校，我们又看不见，也是无能为力，束手无策，只能对老师提出这样或那样的要求，希望老师关注、关注、再关注。那么，家长应该怎样与老师沟通呢？其实，家校沟通主要注意两方面问题，便可取得较好的效果。

用"信任"架起家校协同的桥梁

家校沟通的关键就是彼此建立信任。家长和学校是教育孩子的"两条腿",必须协调运动才可以前行。适合、有效的沟通是家校协作育人的必要途径,互相尊重、以诚相待是有效沟通的基础。家长和老师应该客观公正、实事求是地找出孩子身上的闪光点和有待改进的地方,并用委婉的语气表达观点,提出共同帮助孩子健康成长的合理化建议,形成一致的教育理念。遇到意见不统一时,我们要多站在对方的角度考虑问题,进行换位思考:如果我是教师,遇到这样的问题该怎么办?我会不会也有这样的心理?这样去想,就会使双方站在同一个平面上,在平等的交流中互相理解,达成共识。另外,家长要从主观上多剖析自己,多反思自己是否存在某些问题,把自己的纠结和困惑与老师真诚地交流,向老师敞开心扉,以获得老师有针对性的帮助,这样不仅不会失去家长的尊严,反而会让老师感受到您是一位负责任的家长,也更加信任家长。

在"变"中促进孩子的成长

1. 变要求老师为共同帮助孩子

对于有特殊教育需要的孩子,家长可以与老师约定,定期针对孩子出现的问题,进行面对面的沟通,可以谈良好习惯的养成,分析孩子自身的特点,共同寻求适合孩子的教育方式。

2．变向老师诉苦为表扬孩子

"老师，我怎么觉得我家孩子在专注方面有很大问题呀！""老师，我这闺女做事可磨蹭、可慢了，我和她爸都是急脾气呀，这可怎么办呀？"家长都有"望子成龙，望女成凤"的思想，但在部分家长的心里，自己的孩子总是不如"别人家的孩子"。假如，我们总在孩子面前说他（她）这也不好那也不是，这样会严重挫伤孩子的自尊心。在学校里、家里不存在一无是处的孩子，再调皮捣蛋的孩子，他的身上也会有闪光点，关键在于家长要善于发现其闪光点并及时对其进行必要的引导，强化其优点，逐步使优点转化为优势。当老师针对孩子的某一点进步，通过短信或电话的形式以祝贺的语气告知家长时，家长也要在老师的带动下开始关注孩子的闪光点，表扬自己的孩子，当孩子听到了老师和家长这些鼓励的话语时，一定会信心倍增，加倍努力。

3．变只关注成绩为关注孩子的成长

家长在与老师沟通时，不仅要沟通孩子的学业成绩，更要在日常生活、行为习惯的养成和人生发展道路方面，多与老师交流，给予孩子更多的关爱、关注。家长遇到教育难题，可以与老师共同交流研讨，例如在家庭活动中应该培养哪些良好的习惯，应采取哪些有效的策略和方法……

教育家苏霍姆林斯基说："教育的效果取决于学校和家庭教育影响的一致性，如果没有这种一致性，那么学校的教育和教学过程就像纸做的房子一样会倒塌下来。"事实证明，家校沟通越顺畅，达成的共识越多，教育效果也就越好。没有家长不希望孩子健康成长，没有家长不重视孩子的教育，所以，家长永远是学校教育的支持者、同盟军和坚强的后盾。相互理解、相互信任、相互支持的理念会让我们在教育之路上走得更加坚实！

点评

王菁

沟通既是一门学问，又是一门艺术，更是一种能力。良好的交流、恰当的表述方式，是家校合作达成教育目的的前提和保障。本文中，于老师向家长朋友们讲明了互相尊重、以诚相待是有效沟通的基础。换位思考、相互信任下的沟通往往会带来显著的教育成果，更能够促进家校协同育人进入良性运转模式。家长与教师沟通内容的变化、关注点的转移，可以给教师带来更多的教育启发，家校的一致性会让孩子更加健康地成长。

第二章

情绪管理

1

孩子爱哭闹，
怎么办

北京市东城区春江幼儿园
赵伟

"老师，我们家的孩子总是发脾气，还爱哭怎么办？"

"自己做错了事，家长不能说，提醒一句就生气哭闹，一哭起来情绪就失控，总要哭好半天才能停下来。"

"老师，我们家的孩子特爱哭，遇到问题，自己生闷气不理我们，偷偷躲起来哭……"

著名的心理治疗师萨提亚女士通过大量案例发现，家长对于孩子力量的掌握、知识的学习一般都很有耐心，比如像孩子学走路，可以在一次次的跌倒中反复练习，家长给了孩子很多时间和耐心，但对于情绪的学习，家长却没有那么多耐心。很多家长认为孩子有负面情绪是不好的，认为让孩子开开心心的家长，才是好家长。如果孩子表现出胆小、哭闹、嫉妒，家长就会试图想办法帮助孩子避免和掩盖这些情绪，这是一个误区。

这些情绪容易失控的小朋友，在独生子女家庭和二胎家庭中都比较常见。独生子女家庭的小皇帝脾气大，情绪难控制，一哭就停不下来。二胎家庭的孩子情感脆弱，一言不合就哭闹。

家里的小皇帝情绪难控制，哭起来停不下来

我们班的独生子小文文，对自己认定的事物非常执着。仗着爷爷奶奶的溺爱，经常用哭闹来挟制家长满足自己的需求，哭起来谁哄也不听。无助的父母习惯性选择冷处理，认为孩子自己哭闹累了自然就会停止。

长期的冷处理让孩子缺乏安全感，使孩子的心理和身体都没有得到满足，只能继续用哭闹的方法来宣泄自己的不满。这类孩子在幼儿园很常见，他们不善于表达自己的感受，害怕得不到满足，不知道怎样解决困难和问题。

0~3岁是幼儿情绪情感培养和养成的最佳时期。在孩子每次哭闹时，家长都要温柔安慰和拥抱孩子，可以用"宝贝我知道了""宝贝我理解你""宝贝我来帮助你"这样的语句来平复孩子的情绪，告诉他自己已经知道他的想法，对他的伤心难过感同身受。孩子在被安抚的过程中逐渐平静下来，哭闹的声音渐渐变小，这时，孩子感受到了温暖，安全感需求得到满足。接着，家长引导孩子说出自己的需求。他会慢慢地边抽泣边尝试表达自己的想法。通过一段时间的训练，幼儿会学会用语言取代哭闹方式来表达自己的需求或不满。

二胎宝宝情感脆弱，一言不合就哭闹

很多幼儿在幼儿园的表现，在家里是有迹可循的。

例如，小女孩晶晶性格比较强势，事事爱拔尖，喜欢带领大家做游戏，不接受同伴的想法，遇到困难不能与小朋友协商合作，经常会偷偷扭过头，不由自主地抽泣流泪。原来，她家里有个两岁的小妹妹，晶晶与妹妹玩耍时经常弄哭妹妹，妈妈就会呵斥她，让她回房间自己玩。她每次都是含着泪水回房间，边抽泣边玩玩具，有时候就在小床上抽泣着睡着了。妈妈长期对孩子的不平等对待导致晶晶自尊心受挫，非常缺乏安全感。

当这类孩子默默哭泣时，家长要像哄小宝宝那样，温柔地抱抱，轻轻地拍拍，传递"我知道你现在是伤心难过的，我一定会陪伴你度过的"的信息，让孩子能够有被尊重被理解的体验。这样，孩子也同样会把这份爱传递给弟弟妹妹。而且在游戏中，家长要多关注孩子的情绪，尤其是二胎家庭，要一碗水端平，平等对待两个孩子。还可以为两个孩子创造一起活动的机会，家长在旁边更多的是要观察、支持和鼓励两个孩子，让两个孩子都能够感受到家长的爱，让孩子的心理得到满足，提升孩子的安全感，帮助孩子慢慢地稳定情绪，建立良好的情绪情感，从而敢于把心里的想法讲出来与家长分享，而不是自己憋在心里默默哭泣。

点评

———

许丽娜

情绪情感对幼儿一生具有很大影响，要让幼儿做自己情绪的主人。文章中，老师能从生活中细微观察幼儿的情绪变化，分析情绪背后产生的原因，从两个不同方面，给予家长一定的方法指导。作为父母，要及早重视孩子的情绪情感，帮助孩子认识、了解和控制自己的情绪，学会理解他人。帮助孩子做好情绪管理，对幼儿今后的个性发展和品格培养有着重要的意义。让孩子从小拥有优质的情商，身心健康，和谐成长！

2 学前儿童情绪养成关键期

北京市东城区明城幼儿园

袁晓渝

三到六岁学前时期是幼儿情绪发展的关键期、可塑期。

在幼儿园，我们经常能看见两个小朋友前一秒因为争抢玩具或别的事情吵闹，下一秒在新的游戏活动中瞬间变成好朋友，之前的情绪表现烟消云散。虽然他们会因为打翻同学的饭露出抱歉的表情，会因为老师批评而尴尬，但是学前儿童自我情绪调控能力相对薄弱，情绪稳定性差，常以自我为中心，特别容易冲动且任性。

我们可以尝试用以下方法帮助孩子塑造良好情绪。

父母的情绪，影响孩子情绪

当幼儿因某些不合理要求得不到满足而产生消极情绪时，家长应保持健康积极的情绪，允许孩子有消极情绪，不要阻止，也不要紧张慌乱。

家长应帮助孩子应对消极情绪，例如，等孩子安静后与孩子共同解决问题。或提供精神上的支持，例如，安慰孩子，对孩子当时产生的情绪反应表示理解。当孩子能识别出各种情绪，并逐渐会模仿学习时，孩子需要体验到安慰的语言、温柔的动作和关心的手势等，帮助孩子在与同伴交往中学会倾听，明白倾听对于解决问题是很重要的。通过让孩子"说出你的感觉"来促进他的理解能力、表达能力、反思能力和管理情绪能力的提高。

父母适度表达积极情绪，理性冷静地处理消极情绪，这些情绪管理方式会成为孩子观察、模仿的对象，进而促进孩子对情绪的认知和理解。父母对幼儿消极情绪的应对方式可以是鼓励情绪表达、关注情感和解决问题，营造安全、接纳、尊重的爱的环境，培养幼儿安全性依恋，进行爱的交流。这种交流是指在家庭生活中家长与幼儿在所有情感领域里进行的交流。比如，家长对幼儿充满深情的亲吻和拥抱，非常投入地给幼儿讲故事，和幼儿一起玩纸飞机等。

绘本里的情绪，调节孩子情绪

孩子的生活中有很多快乐有趣的事情，却鲜少有愁苦的事情，有时因为孩子年龄小而无法充分体验到各种情绪，从而影响他们对情绪的识别、理解、表达、调控和运用方面的能力发展。

这时，家长就可以试试与孩子共读绘本。绘本能有效促进幼儿情绪调节能力的发展。幼儿在阅读绘本的过程中，通过阅读与日常生活相似的情境，与绘本的内容产生共鸣，产生"替代性经验"。幼儿会通过模仿，将绘本主人公的行为方式、对问题的处理方式融入自己的行为过程中。

亲子共读绘本，以共读的方式和幼儿讨论日常生活的相似经历，以相关的小游戏，如绘本故事表演、绘画、手工和情绪日记等活动形式，来培养幼儿对情绪的识别、理解、表达、调控和运用能力，在潜移默化中幼儿的情绪调节能力会得到大幅度提高。例如，孩子与父母共同阅读了绘本《我好快乐》后，故事主人翁小兔子的快乐理解和快乐表达，激发了孩子的快乐情绪，孩子特别高兴。在亲子讨论孩子遇到过什么快乐的事情时，孩子能非常兴奋地与父母分享让自己感到快乐的事情——搭积木我好快乐，上幼儿园我好快乐，和小朋友玩我好快乐，和老师玩老鹰捉小鸡我好快乐，和爸爸妈妈看书我好快乐……孩子很快就能觉察识别出自己愉快的情绪并能表达出来。另外，还可以做一些相关的小游戏，比如家庭绘本故事表演，幼儿根据绘本故事的情景和情节，运用自己的语言、动作将主人翁小兔子快乐情绪的产生和表现表演出来。幼儿在表演的过程中能够更直观形象地感受到开心快乐，可以大声笑，可以跳一跳，可以唱歌，可以穿件漂亮的衣服，可以把快乐传递给幼儿园中的小伙伴……孩子们在与父母共读和家庭故事表演中建立了同理心和自信心，学会了用积极的情绪来鼓励自己、帮助他人。

生气也是幼儿在日常生活中很常见的一种情绪表现。孩子在遇到不开心的事情时自我控制能力不是很强，而且他们的思维具有以自我为中心的特点，不会站在别人的角度去理解别人的感受，常常会为了一丁点的小事情而生气。绘本《我不想生气》通过故事中小兔子的各种表现，帮助孩子明白生气是人的正常情绪，从而能够更好地大胆表现自己的情绪，知道正确的调节生气情绪的策略，比如家长可以和孩子一起跑一跑、跺跺脚、深呼吸、说一说等。

幼儿在与父母共同阅读绘本时掌握了一些正确应对消极情绪的策略，当自己或他人处于消极情绪时能够运用这些策略来调节自己的心情或帮助他人。因此，通过与父母共同阅读绘本，幼儿识别自己和他人情绪、表达情绪以及调控消极情绪的能力都可以得到明显提高。

情绪管理要融入日常的亲子互动中，家长如果让幼儿产生了积极的情绪，使他在游戏和学习中充满兴趣、具有旺盛的求知欲，他便会产生探究环境的动机，并努力去认识事物、解决问题。让我们一起有目的地培养孩子积极情绪，帮助孩子应对消极情绪。

点评

迟芳

家庭是幼儿最早的教育基地，父母是幼儿最早接触到的"教育者"，家庭教育对幼儿情绪能力的发展起着重要作用。本文针对一些日常生活中常见的幼儿情绪表现，提出适用于家庭教育的指导策略。家长要意识到必须肯定幼儿所有的情绪，包括消极情绪，当幼儿表现出消极情绪时，这也是一个进行引导的好机会。让我们家园共同合作，帮助幼儿在成长的过程中，培养良好的情绪能力。

3

遇到上学爱哭的"小豆包"，怎么办

史家教育集团（七条校区）

金利梅

"老师，您忙吗？我在校门口，您快出来救救我吧！"

"您看，说什么都没用，只能求您把孩子领进去了！"

"这孩子一到校门口就哭，拉着我死活不让我走，真没办法！愁死我啦！"

"我在单位管理着上百口人，大家合作都很愉快，但是这个小人我真的管不了了，只好拜托您了。"

……

每当教一年级的时候，我总会遇到几个入学时哭闹不止的孩子，面对孩子的哭闹、任性，家长常常是焦虑和无奈。其实，每个新生入学时哭闹的原因各不相同，但是归结起来都是没有做好幼小衔接的心理疏导工作。

老师用爱温暖孩子，让他爱上小学生活

我们班的小温同学是个帅小伙儿，白皙的皮肤，深眼窝，大

眼睛，长睫毛，给人一种洋娃娃的感觉。第一天家长领进班里的时候，他十分乖巧懂事。可是一连几天早上，我都收到小温妈妈的求助短信，让我到校门口帮忙接孩子进校。经过观察，我发现小温同学虽然每天在校门口都上演哭闹剧，但是当我领进班级后，他就会慢慢恢复平静，课上也能认真听讲，就像什么事情都没发生过似的，课下他常常一个人坐在座位上静静地看着大家做游戏。经验告诉我，这是孩子不适应新环境的表现。

从那以后，每天课间我都会和小温聊天："你现在是一名小学生了，要学会适应学校的生活。老师会像妈妈一样关爱你的，这些同学都是你的朋友，大家都非常喜欢你。""来，我给你介绍个朋友，课间可以和他一起做游戏。""你喝水了吗？上厕所了吗？"课上，我也会常常鼓励他："你今天的坐姿真棒！""你回答问题声音真洪亮！""你排队特别迅速，奖励你一朵小红花！"每天放学时，我都会和他约定"明天上学不哭了，老师会在校门口等你"。我还利用休息时间拉着他的手带他参观校园，带着他在操场跑一跑，就这样，孩子脸上慢慢露出了笑容，时不时地到办公室找我主动聊天，看得出孩子开始接受我了。

伙伴鼓励感化孩子，让他懂得勇敢的含义

俗话说"一把钥匙开一把锁"。每个问题孩子的背后一定都是有原因的，弄清了孩子行为习惯的原因，从而确定行而有效的对策，才是对孩子真正有意义的教育。对于刚入学的孩子而言，伙

伴的陪伴和影响也是非常重要的。

　　一次，学校接到适龄儿童接种疫苗的任务，小温妈妈紧张地发来短信告诉我孩子胆小，让我打疫苗时多关照。我知道孩子妈妈又开始焦虑了，于是回复道："放心吧，小温是勇敢的男子汉。"我知道小孩子都害怕打针，于是在出发前，我先告诉孩子们打疫苗的好处和重要性，然后特意请打针不哭的孩子介绍有什么窍门，让孩子们互相学习一下，做到心中有数。最后还特意安排了平时表现特别勇敢的小黄和小温结成伙伴，在等待打针的时候，我和小温聊起了天："今天的医生特别温柔，打针一点也不疼。"小温紧张地问："真的吗？""不信，你听，没有同学哭吧？""看，咱班的小黄出来了，他多勇敢啊！你一定做得比他更好，老师相信你，加油！"小温点点头，这时接种完疫苗的小黄同学走过来，露出胳膊让小温看，"我打完了，一点也不疼，小温加油！"小温看了看，坚定地说："我也不哭，我是个勇敢的男子汉！"说完，拉着我的手走进了注射室，为了减轻孩子的紧张，我和医生说："医生您轻点打，这是我班最勇敢的男子汉。"医生笑了笑，看出了我的用意，"放心吧，我给他用小针头，一点儿也不疼。""真的吗？谢谢您！"说完，孩子紧张地闭上了眼睛，做出了痛苦的表情，我用手摸了摸他的头说，"你今天真勇敢，老师奖励一朵小红花。"他张开眼睛，高兴地笑了。就这样，在老师的关爱和同学的鼓励下，小温没有哭，而是笑着接种了疫苗，事后他高兴地对小伙伴们说："我是勇敢的男子汉！"

家校携手合力育人，让教育更有力量

因为孩子经常上学时在校门口哭闹，小温的爸爸妈妈和我多次沟通，一直想寻求解决问题的办法，看得出家长也十分焦虑。在交谈中，我知道了孩子小时候爸爸工作很忙，主要都是妈妈照顾，有点溺爱他。孩子的幼儿园是在海淀区上的，家长想让孩子在东城区上小学，刚搬家到东城区，没想到孩子一上学就出现哭闹、抵触的现象，家长一时也摸不着头绪。我和家长分析了小温哭闹的原因，由于孩子年龄小，接受能力有限，现在孩子居住的环境变了，学习的环境也变了，班里没有认识的同学和老师，面对未知、陌生的环境和人，孩子心里就会感到紧张、焦虑，这些都会给孩子带来心理上的不适，而孩子只有选择哭闹进行抗拒。家长非常认可我的分析，但是面对孩子现在的状况一时间束手无策，我建议家长可以从以下几个方面进行改变。

1. 阅读幼小衔接的书籍，做好家长的心理调整

幼小衔接是一次人生角色的转折，孩子可能会遇到各种问题。家长要做的就是引导孩子以积极的心态迎接上学。通过阅读幼小衔接的书籍，家长会意识到：我是一年级新生的家长了。比起知识的准备，孩子更需要我们从心理上帮助他进入到小学。比如，提前带着孩子到小学门口看看，多在孩子面前和老师沟通，因为陌生的环境与不熟悉的老师都会让孩子对学校感到恐惧，甚至不愿进校门……尤其是内向的孩子，更需要早一点来熟悉熟悉。

2. 家长要关注班主任，及时和老师沟通

新生入学后，班主任老师就是孩子在学校里依赖的家长，也是偌大校园里，孩子最熟悉、最亲近的成年人。孩子和班主任之间的关系，会直接影响孩子的校园生活状态；而班主任面对的是一个班几十个孩子，因此，不可能对每个孩子都那么细致地关注到。这个时候，如果家长善于反过来去关注老师，那么老师哪怕做了一点点，家长也会注意到，然后跟孩子说："你看老师多喜欢你。"孩子会认同这份关注和喜爱，形成心理暗示："哎呀，原来老师这么喜欢我。"从而孩子会更快地接受老师。孩子喜欢上老师，相应地就会喜欢上这个老师教的课程，进而喜欢上学校、喜欢上学习。

3. 鼓励孩子分享学校生活的细节，正确引导孩子的做法

新老师、新同学、新校园，对于小豆包来说一切都是那么新鲜、那么陌生，孩子也许会有些不安。家长要学会鼓励孩子分享学校生活的细节，比如，在温馨的环境下，微笑地说："宝贝，今天你在学校过得怎么样？课上学习了什么新知识？课下和哪位同学一起做游戏了……"在和孩子交流的过程中，告诉孩子上课该怎么学习，课下和同学如何交往，这样每天坚持下去，让孩子在新环境里交上一两个好朋友，孩子对于新学校、新生活的陌生感就会减少很多，很快就会适应在学校的学习生活，融入班集体。

小学时代是人生的一个重要阶段。它既是人生中最富有绚丽色彩的时期，又是人生中第一个黄金驿站。此时，刚入学的孩子

在学校的表现尤为重要，牵动着每一个家庭。一年级的孩子身心发展是比较迅速的，他们一只脚迈进了童年，一只脚还停在幼年，也许身体进了学校，心理还依恋着幼儿时自由自在的玩耍生活。所以如何使一年级孩子的小学生活有一个好的开始，还需要教师和家长共同重视，通力合作，才能引导孩子走好人生的第一步！

点评

杨京

在这个案例中，金老师用细致的观察和巧妙的引导将"小豆包"的入学不适应解决了。

入学不适应新环境，表现为不适应新老师、新伙伴、新要求等，孩子用哭闹表示逃避和抗拒（用软弱的哭表达强烈的抗拒）。这时候一旦老师和家长用强硬的方式"硬来"，很可能会给孩子留下童年上学的阴影。

熟悉环境、亲密交往是老师带给孩子的初见面礼物。用"熟"化"生"，需要老师耐心的关注，这份耐心对刚刚接手一年级的老师来说是极为不易的，因为一年级的教学工作是极为繁忙的。老师抽出时间把特别的爱给特别的孩子，这需要师德的力量。而打针时的鼓励，让孩子试着做"最勇敢的男子汉"，家校协同鼓励孩子分享学校生活，逐渐将孩子心中的这块"冰"融化了，入学困难症就这样解决了。

是好老师，就会给予孩子温暖的爱，就会有好的方法和好的策略，在家校协同努力之下，"小豆包"终于不哭了！为金老师点赞！

4

你是否了解易怒的
"小神兽"

史家教育集团（史家校区）
王晔

近期，班中有同学反映小 A 在课间经常与同学发生口角，一言不合就争吵，非要争辩自己的观点是对的；课间玩游戏时，他总希望别人都听他的，同学们觉得他蛮横无理；上课时，经常会因为老师没有叫他发言而闹脾气。近一个月，小 A 在校期间情绪不稳定、易怒，所以周围的同学渐渐疏远了他。

班主任与家长沟通情况发现：孩子在家中没有话语权，妈妈较为强势。因为爸爸经常出差，妈妈一个人管孩子，工作及生活压力让妈妈情绪急躁，有时濒临崩溃。

班主任与小 A 沟通情况发现：妈妈在没有和小 A 商量的情况下给他报了很多课外班，有的班他特别不想上，和妈妈沟通后，妈妈总是说不可以，认为对他有用就必须上；在家里，他想吃什么都要先问妈妈可不可以，妈妈要是不同意，他再想吃也不行。妈妈非常关注他的学习，要求高，还不善于表扬。

仔细思考这个案例，其实可以给我们带来不少启示。

1. 父母的语言藏着孩子的未来

《小王子》里有一句话："世界上最有征服力的武器是语言。一句话可以让一个人心情跌入谷底，一句话也可以让一个人重振力量。"据老师观察，每次小 A 在学校与同学发生矛盾闹情绪的时候，头一天晚上他基本上都和妈妈争吵过，而争吵的结果都是以"妈妈是为了他好""妈妈的观点都是对的"结束的，日常生活中妈妈的语言暴力也充斥着这个家庭。

2. 父爱的缺失让家庭教育不完美

"养不教，父之过"，父亲在家庭教育中应该担负起重要的责任。在家庭中，父亲象征着一种雄性力量，具有雄壮、威武、勇敢、进取、独立、果断的个性品质，往往比母亲更有计划性、目的性，知识面更广。父亲的品质与特点是母亲所无法模仿的，父亲在家庭教育中的作用也是母亲所无法替代的。而小 A 的父亲常年在外地，缺少对孩子的教育，给孩子的关爱不够，还会导致母亲因为承担所有的压力而濒临崩溃。

那么，面对这样一个正处于价值观、是非观形成的关键时期的孩子，作为家长，我们应该怎样去帮助他呢？

无条件的爱

想要解决孩子的问题，首先要解决家长的问题。樊登老师在

《陪孩子终身成长》一书中提到，家庭教育应该有三根支柱，第一根支柱叫"无条件的爱"，因为它能够让孩子感受到被接纳、被关爱和归属感；第二根支柱叫"价值感"，让孩子能够找到自身的价值；第三根支柱叫"终身成长的心态"。

孩子对父母的爱是无条件的，孩子爱父母，远胜过父母爱孩子。因为孩子被父母骂过之后，过了大概1~2个小时就好了。而有些家长有时候会因为孩子犯错误，拿不理孩子当惩罚方式，有的持续一两天甚至更久。

无条件的爱，就像"无论你是健康，还是疾病，无论你是成功，还是失败，无论你是出色，还是平庸，都有我陪着你、愿意和你一起面对你的人生所有"；无条件的爱，是"只是这样的你，我愿意陪着你、守护你，带着你一起走出泥泞"。但无条件的爱不意味着溺爱。

停止语言威胁

很多父母习惯于用威胁的方法来解决问题，原因是什么呢？方便！因为只要你用威胁的方法，多数情况下就能搞定孩子。

当小孩子淘气时，有的家长会说"再不听话，妈妈就不要你了"这样的话；当孩子学习成绩不好时，有的家长会说："你看看别的同学总是考出好成绩，而你这么马虎，这么简单的题都不会，真笨！"为什么很多孩子写作业的时候不专心？为什么很多孩子一再地犯同一个错误？因为这个孩子分了80%的精力来应付家里边爱发怒的父母。你想想看，在家里如果有一个人像一颗雷一样动不动就炸，动不动就突然冒出来吼一声，孩子得多么恐惧。

美国密歇根大学的伊森·克罗斯博士做过一项实验："当一个人受到语言暴力威胁等攻击时，他的情绪疼痛在大脑区域的反应和身体疼痛极为相似，神经系统能体验到几乎相同级别的疼痛。"语言暴力给孩子精神上造成的疼痛不亚于孩子身体上受到的伤害，也会损伤孩子的大脑以至于产生巨大的负面影响。语言暴力就像是一把尖刀，谋杀了孩子的尊严和人生。

父母要情绪稳定

社会学家认为，父母在家庭生活中的情绪是幼儿心理健康发育的直接影响因素。父母的行为是孩子的标杆，是孩子心理发育的影响因素。父母在家中情绪平和，待人接物谦虚友善，有助于孩子的心理健康发育；而如果父母在家里经常情绪恶劣、吵架斗嘴，则会让孩子经常处于紧张和恐惧之中，对于孩子的心理发育极其不利。

父母情绪稳定是给孩子最好的教育，这样家庭才会更温暖，孩子才会感受到更多安全感。让我们运用理性的分析、科学的方式、良好的心态建立良好的亲子关系，助力孩子健康成长。

点评

————

赵慧霞

父母是孩子的第一任老师，良好的家庭教育对孩子的成长有着关键的作用。本文通过日常家长的语言及生活案例，让父母了解不恰当的语言、不恰当的行为和不恰当的情绪对于孩子及整个家庭的危害。在孩子成长的道路上，父母是引路人，父母往哪里引，孩子就会成为什么样的人，希望家长通过科学恰当的教育方法，解决孩子成长中的问题，为孩子今后走向社会，享受健康、充实的人生打好基础。

5 如何应对孩子情绪的"小怪兽"

史家教育集团（史家校区）

郑忠伟

不论大人还是孩子，谁都会有情绪。但是在遇到问题的时候把控好情绪，可就不是谁都能说到做到了。作为家长，你有没有因为孩子爆发的情绪"小怪兽"而束手无策呢？

小刘是班里的中队委，也是班里的卫生委员，在同学心目中是个很负责任的班委，在老师眼中也是个得力的小助手。有一天的数学课上，他和同学传纸条（有脏话）被老师抓住了，在了解了整个事情的经过后，班主任和小刘谈了话，并进行了简单的教育，孩子的情绪并没有很大的起伏，只不过一直在矢口否认。后来，老师又侧面了解了更多情况后，再次找到小刘继续询问是否是他所为，他改口称是别人叫他写的，但就是不承认是自己主动写的。后来赶上放学，老师就先让小刘回家好好想想，第二天再找老师聊聊这件事情，刚巧这天放学是孩子爸爸来接，班主任也就简单地和小刘爸爸沟通了一下这件事，期间，孩子情绪一直没有很大起伏。之后，孩子就和爸爸回家了。

　　然而，令人意想不到的一幕发生了。父子俩到家门口的时候，小刘爸爸就"纸条"事情再三询问孩子，而小刘不愿意说太多，并且对抗情绪越来越严重。这时候，孩子爸爸直接就踹了孩子一脚，孩子当时撂下书包二话不说就跑了，孩子爸爸当时就傻眼了，还没来得及去追，孩子就跑没影了。当时是下午四点左右，家长急坏了，到处找，后来经过排查监控等措施，下午五点半左右小刘父母在距家几站路的地方找到了孩子，所幸孩子最后安全顺利地被带回了家。

　　事后才了解到，小刘和他父亲的关系其实一直处于比较紧张的状态，而小刘这次情绪失控的"暴走"看似突发事件，实则蓄势已久。其实，不仅是孩子的情绪到达了极值，小刘爸爸的情绪也爆发了，这种情绪对立让简单的事情变复杂了。

　　我们总说，孩子的情绪是多变的，有时候"哄哄"就好了，但这里的"哄哄"可不是像哄三岁小孩儿那样，而是换位思考，与孩子形成共情，因为共情才能通心。比如小刘的这个事件，父子关系本来已经很紧张了，作为父亲，是不是可以放下身段，像个"好兄弟"一样去跟孩子沟通，了解情况，尤其不能一言不合就动手，动手不仅拉近不了与孩子的距离，反而会让孩子更加拒绝沟通，甚至日后会模仿这类行为，对孩子的成长是大忌！父母和孩子对彼此存在着不同的期待，父母望子成龙，但很多时候孩子可能更需要的是被尊重和被理解，是沟通而不是简单粗暴的动手来解决问题。即使孩子真的犯了错误，他们也希望积极改正错误，一旦我们错误地对待他们，孩子就会爆发情绪的"小怪兽"。

建议家长，尤其是父亲们，要和自己的孩子好好聊聊天，从理想到班级小事儿，与其说是聊天，不如说是倾听孩子内心的声音。多听少说，给足孩子沟通表达的空间，相信每个孩子都愿意和家长"促膝长谈"。

当然也有孩子不喜欢聊天，不用担心，这时候家长一定要和班主任一起打"配合"战，多和班主任沟通，了解班级中最近流行的热点话题都有哪些，班级组织的丰富活动又有哪些……知己知彼是百战百胜的重要前提。因为不论是外向的孩子还是内向的孩子，其实都是愿意表达的，只不过他们表达的方式不一样罢了。内向的孩子更愿意观察、思考，等"安全感"积累到一定程度才愿意去表达；而对于外向的孩子，当家长给予他们充分的安全感时，他们的表达方式会更"直接"。

我们常常说，看到一个孩子的样子，就看到了他背后的一个家庭。家长的一言一行都在时时刻刻地影响着孩子。尤其对于接近青春期的孩子，作为家长，不能说是谨言慎行吧，也应该最大化地去调整自己与孩子沟通的方式方法。

小学五、六年级的孩子很多进入了青春早期，处在心理的转型期，经常会陷入各种矛盾中，如自我矛盾、亲子矛盾、家校矛盾等。出现问题时，沟通永远是解决问题的第一方法，通过沟通找到缓冲带，细致了解后再想办法解决。用细心、耐心和用心去面对每一个孩子，只有真心换真心，处在同一个战壕里，孩子才会打心里愿意和家长一起"战斗"！

点评

———

李超群

读了郑老师文章里的故事，让人深刻地感受到，每个孩子的独特性都值得尊重和保护。我们的教育不是在制造一批又一批被同化的产品，我们是在培养一个个鲜活的生命。不同年龄段的孩子在身体和情感与自己、与他人、与自然界的交互活动中，在家长善于发现长处的眼睛里，在被允许犯错的探索过程中，在家长的耐心引导、启发、鼓励下，会不断产生自信，获取能量。其实，教育孩子就是在磨炼孩子的性子，我们自己能耐得住性子，就能抓住孩子的心。在这个过程中，孩子也是在磨炼自己的性子，通过互相磨炼，家长和孩子就一起成长了。

6

拯救娃的坏脾气，
当妈的千万别焦虑

史家教育集团（革新里校区）

陈雅洁

"我真拿家宝没办法，一个女孩子家家的像个斗鸡似的，稍有不如意就乱发脾气，小朋友们都不爱跟她玩儿！我到处给人家道歉！"

您家有这样的孩子吗？您碰到过如此窘境吗？带着几分关心，带着几分好奇，我参与了一天她们的家庭生活，目睹了下面的场景。

镜头一：爸爸在饭桌上跟家宝开玩笑，她一个不如意就开始拍桌子大声吼爸爸，妈妈和颜悦色地劝诫着："不要这样，这样不好，我们不嚷了好吗？"

镜头二：在超市里，家宝执意要买一个玩具，妈妈说过两天再买，于是她趴在地上不肯起来，妈妈用力给了她几巴掌，她丝毫没有起来的意思，反而撕心裂肺地哭起来。

镜头三：家宝在楼下和小朋友玩，不知何故与小朋友吵了起来，她越吵越凶，被妈妈带走训斥了一顿，自己哭得很伤心。

这样的场景想必在我们的生活中非常常见，家有"易怒娃"可如何是好呢？其实追根溯源，是孩子情绪管理出了问题，我们要帮助他（她）找到问题的根源，才能破解有方！

关键一：多帮孩子建立规则意识，立规矩

面对孩子的任性举动，这个时候不能用安抚来解决问题，要从小给孩子"立规矩"，否则，对于底线原则问题，我们仍然"温柔以待"，换来的则是孩子的变本加厉。我们可以"温柔地坚持"，既不伤孩子颜面，同时起到警示告诫的作用。当然，"立规矩"重要的是要立在事前，最佳的方式是通过日常生活的正向激励与引导使孩子养成习惯，作为家长，尽量不做教育的"消防员"，而是要做"引导员"。

关键二：多给孩子做选择的机会，教方法

与上一个问题不同，非原则性问题恰恰是可以共同商讨解决的，有的时候孩子哭闹发脾气，往往是在捍卫他（她）的权利。当然，我们知道父母大多数的决定初衷都是为了孩子"好"，都是"爱"孩子，但是当您俯下身，站在和孩子一样的视角去看世界的时候，有没有发现他（她）需要穿梭在不同性格的成人中间，想看到笑脸永远要仰头，您是不是就可以多体谅体谅他（她）呢？

对于一些非原则性的问题，不妨让孩子来选择，还以刚才场景中主人公的表现为例，我们不妨这样与孩子沟通："家里同类型

的玩具已经非常多了，况且这个月你的玩具预算已经超支了，我们这个月如果买了，下个月就不能再买任何玩具了，你愿意吗？"或者教给孩子方法，让孩子做选择题，并简单说说理由。

关键三：多让孩子与小伙伴接触，找榜样

美国著名哲学家、教育家、心理学家杜威曾经提出"教育即'生活'、'生长'和'经验改造'"。广义地讲，个人在生活中与人接触、相互影响，逐步扩大和改造经验，养成良好的道德品质并习得知识技能，就是教育。

何谓"经验改造"？如何进行"经验改造"？其实，同伴是最好的老师，他们会给予我们潜移默化的影响，撬动我们的价值观。我们在工作中会模仿、借鉴别人的思想、经验，同样，儿童间伙伴的交往也是一种学习，作为家长，当孩子与同伴进行互动的时候，我们需要扮演的是一个观察者和引导者，观察自己孩子的变化，观察其他孩子的反应，在这之后与孩子共同回顾、复盘这一过程。凭着孩子现有的认知，可以感知自身优缺点，学习他人优点，这样的影响往往比父母的说教来得更直接、更真实、更持久。

话说到此，您一定也和我有同感，孩子爆发"坏脾气"的时候，不妨究其症结，泰然处之，授之以渔，强化训练，不光您的耳根子清净了，孩子的幸福感也慢慢提升了，您说是不是这个理儿呢？

点评

———

姚辉

　　文中的三个镜头仿佛就在我们身边。的确，"情绪控制"是家庭教育老生常谈的问题，之所以根深蒂固，源于家长对于这种现象缺少深入的解析，采用简单方式予以解决。而实际上导致"坏情绪"的原因也是很复杂的。陈老师结合案例实际情况深入浅出进行分析，引导家长认识到家庭教育应该"因时而教"，何时需要"疏"，何时需要"堵"，同时给予"立规矩""教方法""找榜样"这样简单可行的策略，帮助家长解决困惑。

孩子爱告状，
怎么办

史家教育集团（史家校区）
黎童

"老师，孩子回家告诉我，她同桌总是拉她的小辫子。"

"孩子总添油加醋地和我说学校发生的事儿，您说这孩子怎么这么爱说谎呢？"

"老师，孩子说咱班最后一桌老欺负他，他不敢告诉您，我希望您调查清楚，不能让孩子受委屈。"

……

中低年级的孩子爱在家长跟前"告状"，引发家长的焦虑。有的家长担心自己的孩子受委屈，强烈要求老师"做主"，有的家长会忧心于自己的孩子是不是太较真，不会处理人际关系。其实，我特别理解家长们的心情，小学阶段是孩子身心发展的重要阶段，通常以自我为中心，而且缺乏良好的人际交往技巧和足够的解决问题的能力。因此孩子常通过"告状"的形式寻求家长的关注、认同、帮助、爱护等。比如，有的孩子会把在学校与朋友间发生的冲突，添油加醋地讲述给家长听，以此达到让家长认同自己产生冲动行为的原因；有的孩子会用"告状"吸引家长的关注；有的孩子在学校和他人发生冲突时，无法判断自己的行为是否正确，就会向家长寻求帮助，让家长帮忙做出结论；还有的孩子比较内向、胆小、自卑，与他人产生矛盾时无法准确地表达自己的想法，容易受欺负，使自己陷入困境，他们会下意识地通过"告状"寻求家长的帮助。

所以，家长要对"告状"予以重视，为了孩子的健康成长，不仅要详细了解事情经过，还要认真倾听并给予孩子正确的引导，帮助孩子学会正确解决问题的方式。

了解事情经过，疏导孩子情绪

家长在刚听到孩子告状的时候是什么心情呢？心疼？愤怒？无奈？这个时候一定要用理智战胜情绪，要明白小学生的心智还不成熟，在社会、家庭等诸多因素的影响下，遇到不顺心的事儿的时候，容易产生消极情绪，又没有掌握正确表达的方法和合理宣泄情绪的渠道，往往控制不住消极情绪，常常恶言相向或者大打出手。我建议孩子遇事儿数到十，深吸一口气，再去做决定。让自己有冷静分析的时间，用清醒的头脑思考，抑制消极情绪，从而减少冲突的发生，也建议家长们保持冷静，听听孩子的话，但是不要急于下判断，而是尽量向他表达理解和同情。

"哦，看来你真的很生气，告诉我发生什么了？"

"是吗？那真的很过分，我能理解你的心情了。"

口头的接纳还不够，家长还可以引导孩子寻找适合自己宣泄情绪的渠道，如倾诉、写情绪日记、运动纾解、音乐缓解等。其实当情绪宣泄后，人就会平静下来，只有静下来，才能够进行有效的思考，才不容易冲动行事。

角色扮演，学会换位思考

作为老师，我们调查事情经过后，经常发现孩子由于年龄小、认知偏差等原因，对人对事容易双重标准，长此以往确实影响孩子的个性发展和人际关系。所以，让孩子用多种视角看问题、学会宽容特别重要。遇到类似情况，家长可以先不着急给出解决方案，而是多和孩子聊聊，"如果当时你……你希望对方怎样做？""如果你当时刚被批评，会心情好吗？"特别推荐用角色扮演的方式，父母和孩子交换角色来还原事件。在事件的关键节点上，用不同的处理方式演给孩子看看，让孩子们直观地感受到不同的处理方式分别会产生怎样的效果，学会反思。

和孩子一起讨论解决方案

不可否认，现实中确实有孩子胆小，不会维护自己的权益。对此，家长也不能逼迫孩子"打"回去，而是可以在了解事情经过后，用上面提到的角色扮演的方式带着孩子练习合理表达情绪和诉求，鼓励孩子在事情发生后，第一时间实事求是地告诉老师事情的经过。同时，家长还可以和孩子一起讨论解决方案，适当给予建议，要相信、鼓励孩子，给他们更多自己处理问题的机会。

综上所述，孩子爱"告状"，是因为年龄小，还没有掌握更多的处理问题的方法，看问题不全面，我们要帮助孩子学会宽容，用不同视角分析问题，学会应对人际冲突，变"告状"为"告诉"。

点评

鲍虹

理解是我们所说的知其然，又知其所以然。《论语》讲："人有不及，可以情恕。""理解"一词，蕴含认知、彰显格局、体现能力、讲求艺术。著名教育学家苏霍姆林斯基说："父母是孩子的第一任老师。"良好、合理、科学的家庭教育，在言传身教、潜移默化中引导孩子们"扣好人生第一粒扣子"，是孩子全面发展的关键。本文抓住"家庭教育"这个切入点，思考深入，点上讲面上析，按照摆现象、议危害、教方法、增认同的步骤，娓娓道来，层层深入，环环相扣，让家长们明白了如何疏导孩子、怎么化解矛盾、怎样换位思考，体现了日常家校教育知识与文化、学理与道理的有机统一。

打败坏情绪，
收获幸福感

史家教育集团（史家校区）

孙慧瑶

幸福和幸福感有区别吗？答案是肯定的。幸福是一种状态，客观存在；而幸福感则是对这种状态的感受，有些同学往往会因为个人情绪将幸福快乐的感受拒之千里。

在我的班里就有这样一位一直被情绪困扰的同学——小瑞。记得那是18年的金秋，又是一年中的新生培训日，我欣喜地看着一个个端坐在座位上，认真听我提要求的可爱的孩子们。

突然，一个坐在最后一排、穿着银色短袖的大个子噌地一下站了起来，一边假哭一边冲着前面的同学大声嚷嚷："你挤我桌子干吗！"他的做法我能理解，因为6岁左右的孩子，正处于自我中心主义阶段。我温和地看着小瑞，安抚他的情绪道："孩子你看，前面的小姑娘是因为要站起来回答问题，才会把你桌子往后挤了一下的，这么点小事儿都要哭鼻子，可就不是男子汉了哦。"这个孩子听了我的话后，吭吭唧唧半天才止住了哭闹。

在接下来一个多小时的培训中，也是他那里问题不断：别人站队时不小心碰他一下，他要嚷嚷，甚至连课间去卫生间时，其他小朋友从他身边快步走过，他都要大叫说别人在追他……半天的培训结束，我把孩子们一个个送出校门，回到班里，身心疲惫，我已经能预感到这个小瑞会成为我第一年班主任生涯的一大挑战。

果不其然，小瑞的问题暴露得越来越多。整个低年级阶段，他给老师和同学们留下的最深印象就是"瓷娃娃"。在学校，只要稍有一些不如意的地方，他就会不分时间、地点地大哭大闹：上一半课时，他的尺子被他掰断了，他会哇哇大哭；上课铃响，他自己在楼道摔了一跤，他会在上课期间嗷嗷大叫着要找医务室老师；冬天上操，他的跳绳被冻断了，他会在全校师生面前号啕不止……上了三年级，虽然在家校的共同努力下，他在学校的日常生活中能够逐渐控制自己的情绪，但随着学业压力的增大，他在学习方面出现了更加严重的偏执问题，具体表现在：做卷子时，如果他有一道题甚至一个字想不起来，就会着急、哭闹，导致无法继续做后面的卷子，严重时还会出现敲桌子、踹门甚至打自己的行为。

作为班主任，听着各科老师和同学们时不时传来的关于小瑞的各种告状，看着时常因为情绪崩溃哭得声嘶力竭的孩子，我又生气又心疼。我开始对各种问题的表象进行内因分析。研究表明，情绪会分泌荷尔蒙刺激中枢神经产生快感，所以情绪很容易上瘾，一个爱发脾气的人，会经常创造发脾气的机会和理由。为了追求荷尔蒙分泌带来的刺激，很多人会放纵自己发脾气，让自己越来越任性，而人在任性状态下做出的决策往往让人后悔。通过与小瑞的三年相处，我发现畏难情绪和对抗情绪是这一切的毒源。

记得一年级时，我就叫来小瑞妈妈进行了几次面谈，从中，我慢慢了解了这个孩子的家庭情况和成长经历。小瑞家里有两个孩子，他有一个比他大七岁的哥哥。孩子的父亲由于工作很忙，一直无暇参与孩子们的成长，回到家里也只是一味地溺爱小儿子，而他的妈妈是全职主妇，疲于大儿子的学业教育，对小儿子的关注不够，面对孩子生活中的无理需求往往采取的是一味满足的教育方式。

我发现像小瑞这样由于家长溺爱引发情绪问题的孩子并不是个案。父母是孩子的第一任老师，家庭教育对孩子小学阶段的成长来说尤为重要，因此在经过反复思考后，我跟小瑞妈妈又进行了一次深入沟通：我表明如果孩子从小被父母溺爱着长大，只要撒泼，就会被满足，他就会觉得既然这么容易就能得到，那还需要努力吗？当他意识到这一点，大脑就会开始封闭。只要他觉得自己做不到或不想做了，畏难情绪就来了。当畏难情绪成为惯性，他也会把这种不良情绪带到学校来，长此以往，不利于孩子的专注力、学习力和内驱力的发展。我又指出了孩子有一道题甚至一个字不会写就不愿意再做卷子的问题。在得到小瑞妈妈的强烈认同后，我进而对她说：您首先要做的就是停止包办，当发现孩子遇到困难借由哭闹向您寻求帮助时，先让他平静下来，接着鼓励他正常表达自己的情绪，然后可以向他提供一些解决问题的方法，放手让孩子自己去实践，最后当他成功后一定要不吝惜对他的夸奖，这种正向的鼓励会逐渐形成内驱力，帮助他克服畏难情绪。

像这样畏难情绪过强的孩子在改变初期一定会遇到很多问题，甚至出现反复，家长和老师一定要给予孩子更多的耐心，用包容和智慧安抚孩子情绪，让他慢慢独立。我们在家也可以教给孩子一些梳理情绪的方式方法。比如：深呼吸平静法、对着镜子微笑、画画、玩沙盘游戏……

此外，"畏难情绪"往往和"对抗情绪"相辅相成、同时出现。畏难情绪过大的孩子还容易靠发脾气来引起别人注意、发泄不满、解决问题。因为他觉得自己能在"对抗"中得到好处，所以对抗情绪就会越来越严重。这种不善于表达自己，易怒、情绪易失控的孩子往往也存在"人际交往障碍""缺乏自信心"等问题。

坏情绪既不利于孩子的人际关系、学业成绩，更不利于孩子的身心发展，那家长如何能在家庭教育中帮助孩子缓解情绪，在集体中获取幸福感呢？

家长可以通过定期与孩子聊天，了解孩子的想法以及情绪变化，鼓励并引导他正确梳理自己的情绪。在平时的学习、生活中，多与老师沟通，形成家校合力，了解孩子的成长点，抓住教育契机，多鼓励、关心孩子，用爱与正向鼓励缓解孩子的情绪化。

拿破仑曾说过："能控制好自己情绪的人，比能拿下一座城池的将军更伟大。"教师和家长在孩子成长的道路上都是教育工作者，要用爱和智慧引导孩子逐步打败坏情绪，收获幸福感。让教育的力量如丝丝春雨，一点一滴、无声无息地渗入孩子心灵。

点评

———

郭文雅

孙老师从幸福与幸福感的关系入手，通过班里一直被情绪困扰的同学——小瑞的案例，指出坏情绪和幸福感的关系。孙老师以叙事的方式娓娓道来，自然易懂。她不仅分析了小瑞产生坏情绪的原因、坏情绪的弊端以及如何控制坏情绪等，而且还介绍了自己如何与家长形成教育合力，帮助孩子走出情绪怪圈。从案例中，我们知道了父母正确的教育方式对孩子的成长特别重要，父母应多关注孩子行为背后真正的需求。

9 绝不仅仅是任性

史家教育集团（实验校区）
崔敏

"老师，今天妞妞的精神状态很差，昨晚补作业到很晚，没有休息好，看来今天是去不了学校了。"

"老师，妞妞又闹起来了，情绪很激动，一是放了几天假，二是她爸要去外地上班，她说爸爸不要她了，我晚一点再送她到校吧。"

……

类似的请假信息一条条传来，结果就是妞妞不能按时上学，这种情况从她上四年级以后就总是发生，并且越来越频繁。即使来到了学校，她也不能集中注意力听讲、按时交作业，成绩下滑非常严重。家长说"这孩子太任性了""她这几天身体不好""她昨天玩手机太晚了""她昨天写作业写到半夜，今天没起来"……这些理由看似有一定的道理，却不能成为反反复复请假的原因。最后，家长带妞妞看了心理医生，诊断结果是：重度抑郁症；中重度焦虑症。

这样的结果让人难过。如果我们面对孩子的时候更理智一些，关注孩子再细致一些，也许孩子就可以避免遭受心理问题的折磨了。

妞妞的成长经历在大城市很普遍：长辈不能帮忙看孩子，父母工作忙，妞妞是在保姆的照顾下长大的。上的是推崇快乐教育的幼儿园，一切以孩子的快乐为主。家长每天和孩子相处的时间很少，孩子提什么要求都会被满足。像这样在过于宽松宠溺的环境中长大的孩子，可能会出现比较任性、自我、难以沟通的现象。他们和同龄孩子相比，行为习惯差，自控能力弱，心理脆弱。当成长到一定阶段，外界对他们提出一定要求的时候，孩子如果不能达到要求，就会出现各种状况，心理健康也会出现问题。

对于这类孩子，我们可以从以下几点来帮助他们。

重视培养孩子的习惯和意志品质

家长是孩子的第一任老师，应该给予孩子的绝不仅仅是物质上的满足和无原则的疼爱。妞妞的成长中，保姆陪伴她的时间最长，为了让妞妞高兴，保姆会代替她做很多事，妞妞习得本领的机会被剥夺了。她欠缺通过自身不断努力完成任务的能力和素质，遇到困难她就会产生抗拒心理，从简单的拒绝到激烈的反抗，再到伤害自己，步步升级。

因此，在孩子成长过程中，帮助孩子养成做事的习惯和能力非常重要。当孩子遭遇困难时，家长不能包办代替，而是应该学会鼓励、引导孩子，让孩子在"遇到困难——获得支持——努力克服——解决问题"的反复体验中，不断成长。

重视培养孩子的情感调节能力

现代家庭重视孩子的感受，家长想方设法满足孩子的需求，孩子以自我为中心，当出现情绪问题时，随意宣泄，不去控制。当孩子缺乏有效的情绪调节办法时，就会寻找其他突破口，可能会采用冲动、极端的方式来宣泄。对于这种情况，我们不能简单将其概括为"任性"，也可能是孩子出现了心理问题。

很多时候，家长也意识到孩子有问题，但是从情感上讲，没有一位家长愿意承认自己的孩子是有心理问题的，所以，他们排斥去医院看心理医生。他们总以为这就是孩子脾气，树大自然直，长大了这种情况自然会好转。殊不知，正是这种想法导致孩子的异常心理状态长时间得不到干预，因为延误治疗而导致孩子出现严重的心理问题。

关注孩子情绪异常的表现、程度、频率、调节能力，客观地看待孩子的问题，给予足够的重视，才能及时帮助孩子走出困境。父母作为孩子的守护人，要细心敏感。这里，需要家长调整不良的教养方式，给孩子提供积极的心理支持，引导、提高孩子的情绪表达和管理能力。

重视孩子家庭环境和校园生活环境的建设

现代人的生活节奏快、压力大，各种不良情绪随之产生。很多人虽然内心深处感到非常压抑与忧愁，面对外人却若无其事。这种情况在孩子身上也会发生。父母应该创造一个稳定、有序、平和的家庭环境，培养积极关注、平等沟通的家庭氛围，让孩子的负面情绪有宣泄的地方。

孩子的心理健康除了家庭因素外，同伴关系也会对青少年的认知、情绪、人格发展起重要作用。尤其在青少年时期，同伴之间的影响远远超过其他年龄段，而且这个年龄段的孩子有着强烈的好奇心，容易相互模仿，如果同伴关系不好，同伴有伤害他们的言行，他们会感到很受伤。家长应该关注孩子的"朋友圈"，觉察这个朋友圈带给他的各种体验是否积极，引导孩子明辨是非，提高对朋友圈伤害的免疫力。

点评

谷思艺

对孩子真正的爱不是放纵、溺爱和包办代替，而是在孩子经历风雨时，适时适当地鼓励与引导。帮助孩子在每一个小小挫折中，获得克服困难的勇气和方法，不断成长，不断积攒能量，从而建立内心的自信。崔老师用她多年的教育经验和智慧，与我们分享了爱孩子的方法，用鼓励与信任培养孩子良好的习惯和意志品质，用细心与爱及时发现孩子的情绪变化，用耐心与积极的心态引导孩子学会调节自己的情绪，从而帮助孩子建立和谐、充满能量的成长空间，助其向阳而生，快乐成长！

10 学会情绪管理

史家教育集团（七条校区）
刘蕊

情绪管理是人们面对外界刺激时对自身情绪的控制和驾驭能力，大部分孩子上小学后能够逐渐控制自己的情绪波动，但当面对不知该怎么处理的情况时，就很难驾驭自己的情绪了。他们年龄小，调控情绪的能力远不如成年人，我们就要教会孩子该怎样处理。

在学校课间时分，突然跑过来两个同学跟我告状：

"老师，我正在跟同学玩，他就给我一拳！"

"不是的，他刚才抓住同学不放手，后来还把我推倒了！"

孩子一生气，就对同学动手，是因为面对问题不知道该怎么解决，内心的不满与愤怒不知如何发泄，这是孩子情绪管理出现了问题，也有可能是对外界的刺激所产生的过度体验，除了表现为极端的行为之外，也可能表现为长时间的焦虑、紧张、愤怒、悲伤等。持久性的消极情绪对孩子有严重的危害性，很容易产生疾病，影响孩子正常的生活和学习。

分析原因

当孩子遇到事情的反应很强烈，且长时间沉浸在这样的状态中、不能自拔时，父母一定要重视起来。让孩子产生不良情绪的原因有很多种。

1. 过分溺爱

随着人们生活水平的不断提升，孩子对物质的需求很容易被满足，如果是爷爷奶奶等长辈来照顾孩子，就更容易溺爱，任孩子为所欲为，有求必应，孩子如果得不到满足就大喊大叫，为了达到自己的目的甚至撒泼打滚，久而久之就使孩子形成了暴躁性格。还有些孩子是模仿成年人，如果大人遇事就大发脾气，孩子看到大人处理事情的方式，就很容易效仿。

2. 遭受挫折、面对困难

当孩子遇到困难或者挫折时，自己的能力有限，不知该怎么做，就会跟自己生气，就会情绪低落，甚至用暴力来解决问题。

3. 双重标准

很多家长们可能会发现，孩子每次病好后，脾气也会渐长。这是因为孩子在生病时，家长看到孩子难受的样子，就对孩子千依百顺，病好后，父母态度转变，孩子却还想有这样的"优待"。父母对孩子的双重标准，就会使孩子的脾气不稳定。

调节情绪的方式

面对孩子的不良情绪，家长千万要冷静，要控制住自己的情绪，如果自己的情绪没有控制好，先不要管孩子。切记，管孩子的前提是先管理好自己，不能带着情绪解决问题，教育孩子要理性，这是一个长期的过程，要坚持到底。

1. 把情绪转化为行动

孩子对自己的认识与父母的评价有关，他们很看重父母的肯定，父母应该用亲情、用柔情来缓解孩子的情绪。父母可以跟孩子进行动作交流，抱一抱孩子，让他感受到来自父母的爱意，让孩子也抱一抱父母，跟孩子击掌，玩一玩拍手的游戏等，调动孩子的行为，转移注意力，用行为调控情绪。如果是在外面，可以领着孩子暂时远离不舒服的环境，让孩子看看其他事物，也可以跟孩子一起做运动，跑跑步、跳跳绳等，转移孩子的关注点。

2. 把情绪转化为语言

父母可以引导孩子，让他吐露心声。父母在倾听的时候要有耐心，无论孩子的想法多么离奇，表现得多么愤怒，都要忍住，不要轻易打断，不要有负面情绪，更不要批评，孩子能敏锐地察觉父母的情绪变化。父母要表现出感同身受，如果孩子表达不清，还要引导他把情绪用语言表现出来。其实当孩子能准确表达出自己的情绪时，就已经把不好的情绪释放一半了，慢慢地，情绪释放之后，孩子的大脑就可以理智地工作了，开始想解决问题的方法了。

3．把情绪分散

有时候，当孩子总是处于自己的不良情绪中不能自拔时，可以给孩子讲一讲别人遇到困难、挫折时是如何克服的。听一听别人的事情，能帮助孩子分散注意力，让他感受到在自己身上发生的事情好像也没有那么令人难过，也没有那么过不去。通过心灵体验，来分散孩子的情绪。

有些孩子喜欢画画，可以用画画的方式来表达整件事情的逻辑关系，从而让自己的不稳定情绪得以控制，慢慢平稳，最后冷静下来。

也有些比较内向的孩子，可以通过写日记来厘清思绪，写在纸上的越多，积压在心里的越少。

除此之外，要教会孩子了解自己的情绪变化，知道什么事情或者在什么样的情况下会影响自己的情绪，在预测到自己会因为某事陷入情绪低谷时，就可以用上面说的这些方法"打预防针"。

温馨的家庭氛围

营造乐观而温馨的家庭环境，对孩子的情绪管理同样很重要，稳固的家庭，深厚的爱，会给予孩子强烈的安全感，使孩子拥有更乐观的心态。

孩子会经常出现不良情绪，而小学生自我控制情绪能力较差，所以需要父母与老师经常与他们进行沟通、疏导与调节，使他们的心态逐渐改变，最后发生蜕变。家庭环境更要不断给予孩子阳光、积极、正向的引导，让孩子处在一个积极、和谐的家庭氛围中。通过对情绪的管理，让每一个孩子都能阳光、乐观、向上！

点评
———
牛东芳

情绪管理的话题日渐走到我们的面前，逐渐得到重视。

生活中，人人都有可能面临情绪管理问题，因为情绪本身是对外界事物第一时间的真实反应。喜怒哀惧是我们常见的情绪，孩子在学校里最常见也是比较难处理的就是"怒"。

为一点小事、一两句话，孩子之间你一拳，我一脚，说急就急，刚才还是好朋友，马上就成斗鸡眼，一旦出点问题，事后又会很后悔——这些都是因为孩子年龄还小，情绪管理能力弱，不良情绪没有得到应有的化解和管理。

刘蕊老师给出的方法是：首先，家长（老师）要做情绪管理的"智者"，不能被孩子的不良情绪感染，要顺着劲儿来。当孩子的情绪在"点"上时，可以听一听，理解孩子的情绪，让孩子在倾诉的时候弱化急躁与愤怒，逐渐平复下来。其次，家长（老师）好好和孩子聊一聊，把孩子的"劲儿"分散下来，缓一缓冲动，降一降温度，为合理解决问题打好基础。最后，家长（老师）要给出恰当的建议，提供积极、正向、阳光的引导，让孩子感受到"雨过天晴"后的美好。

情绪管理是每个人都要面临的终生修养，家长和老师要给孩子们做出榜样。

11 别让压力"压倒"孩子

史家教育集团（史家校区）

葛攀

　　作为班主任，经常会听到班上的一些孩子抱怨说"我太难了""压力好大啊"。可能有些家长朋友们会感到困惑，孩子小小年纪，怎么会有这么大的压力？

　　小邓是我们班上一个少言寡语的小女孩，平时非常听话，上课从来不讲话，却也从不举手发言。可是有一段时间，我发现她竟然接连几天没有完成作业。考虑到她的性格比较内向，一开始我只是跟她说让她回家补上就行了。可没想到平时那么听话的她，竟然一连拖了好几天也没有把补的作业拿来。最后，也只补了一小部分。我很纳闷，把她叫来询问原因，她什么也不说。我心想：这孩子怎么了，这可不是一个好兆头，应该问问家长怎么回事。但当她得知我要把这件事情告诉她妈妈的时候，眼泪夺眶而出。

　　通过和小邓妈妈的谈话，我了解到最近妈妈由于工作比较忙，经常很晚才回到家，总是由姥姥、姥爷来照顾小邓，但每当妈妈看到小邓作业中出现问题时，总是会严厉地批评她。时间一长，小邓对做作业就有了抵触心理。最近，小邓一直都跟妈妈说作业已经在学校完成了，但没想到，其实是一直都没有写。

案例中小邓的妈妈因为工作忙而忽略了对小邓的陪伴，这使本就内向的小邓更加缺乏安全感，情绪也随之变得更加敏感。在发现作业中的错题时，妈妈没有询问原因，也没有和小邓沟通交流，而是一味地进行批评，这对已经积压情绪的小邓来说无疑是雪上加霜，小邓面对压力最终选择了用撒谎来逃避做作业。

其实，正如文章开头所说，压力对于现在的孩子是一种普遍的存在。孩子们在成长的过程中会碰到很多难题和困扰，比如：能不能取得让人满意的成绩？怎样才能和同学相处得更融洽？怎样适应周围环境的变化？这些都有可能成为孩子们的压力。当孩子面对压力时，行为方面通常会表现为爱说假话、爱打人，故意损坏东西等；而情绪上则通常表现为爱哭闹、不讲理，常常感到害怕而纠缠着大人等。

当发现孩子出现某些上述反应时，家长们不要过度紧张，不能过分地关注或扩大压力，也不能将其忽视掉。要了解孩子的压力来源，并帮助孩子正视压力、缓解压力。

那么，当孩子有压力时，家长们具体可以做些什么呢？在这里，我总结出了"三要"与"三不要"。

三要

一要多关注孩子本身。当孩子有了心理压力时，不一定会主动提出来，这时就需要父母多多关注孩子的身心变化。尽管现在家长们的工作都很忙，但还应该尽量做到至少每周抽出半天时间来陪伴孩子，在陪伴的过程中，可能会有不一样的发现。要多站在朋友的角度，平等地与孩子谈谈心，鼓励孩子把心里话讲出来，此时家长应该认真倾听，不要打断或批评训斥孩子。一旦发现孩子情绪有异常，应耐心陪伴和开导。

二要多与老师进行沟通交流。很多家长都反应，孩子到了中高年级以后，不愿意再提学校中发生的事情了。有时家长主动询问，基本上得到的答案就是三个字：挺好的。这也让很多家长着急，很多时候孩子的学习压力与在校表现密切相关，家长可以主动与老师勤沟通，对孩子近期的学习、生活、心理状况有一个细致的了解。如果孩子真是觉得压力过大，家长也可寻求老师的帮助，家校共同携手，帮助孩子减压。

三要帮助孩子认清自己的优势和不足。每个人都有自己的优势，也有自己的劣势，只要你充分地发挥自己的优势，劣势也就不会被关注，反而会让人觉得一个人的优势和劣势的组合才更真实、更完美。在教育孩子时，家长首先要辩证地看问题，并勇于面对事实，承认自己有所能有所不能，孩子才会从家长认识事物的方法中学到如何辩证地看问题。

三不要

除了"三要",我们还可以尽量做到"三不要"。

不要让孩子承受家长的压力。现在的家长们确实工作繁忙。我们或带着笔记本电脑回家工作,或在厨房里通过手机和同事讨论明天的计划。家庭和工作的界限模糊了,我们脑子里塞满了没有完成的任务。可与此同时,我们正在把自己遭受的压力传递给孩子们。如果在家办公的情形难以避免,我们要注意自己对着电话的言谈,或回避孩子,到自己单独的空间进行。不要把不良情绪或尖锐的言谈、甚至不雅的举止传递给孩子。

不要在人前议论孩子。在压力的作用下,孩子的承受能力会比较薄弱,如果当着孩子的面,和外人提及他们的缺点,或当众批评孩子,这样会让孩子没有自信,压力更大。

不要过度关注孩子的成绩。其实有时我们可以适当允许孩子的退步,这里的允许不是放任不管。在家长看来,学习不用功、学习方法不当、缺乏学习兴趣是孩子成绩下降的三个主要原因。其实,除了这些主观因素,学习内容变难、心理压力过大、学习科目增多等学习的客观因素往往被家长忽略。家长应该在做好自身心理调整的同时,帮助孩子分析退步原因,共同寻找解决问题的办法,这比一味地用"过来人"的身份评论和指责要好得多。

其实,每个人在不同时期都可能会感受到压力,孩子也是一样的。孩子们的知识经验有限,当他们凭借自己的能力不足以应对客观困难时，就会感到压力。作为家长，我们要引导孩子将压力转化为成长的动力，塑造出更好的自己。

点评

徐莹

童年不仅塑造未来，童年也是我们不断返回的栖息地。几乎可以说童年的生命质量就是一个人一生的生命质量。如果孩子有了压力，家长应该帮孩子及时疏导压力，将压力转化为成长的动力。这是为人父母和为人师者的必修课。葛老师的小妙招为我们提供了化解压力的出口。换言之，不管是家长还是教师，都要用心倾听，智慧思考。承担起守护孩子成长的责任和义务，用人性化的教育方式浸润孩子的心灵，让他们带着温暖出发，幸福自信地走在人生之路上。

12

喜怒哀惧皆合情，
合理表达是关键

史家教育集团（实验校区）

尤佩娜

"老师，我家孩子一生气就大喊大叫，不分时间场合，以前年龄小，我哄哄就好了，现在都二年级了，还这样，一点长大的样子都没有，这可怎么办呢？"

"老师，我家孩子稍不顺心就哭，好像遇到什么事情都会哭，大事大哭，小事小哭，实在让人头疼，有什么特别好的方法不让她哭吗？"

"老师，我家孩子马上五年级了，从小到大只要遇到不开心的事情就一个人生闷气，什么也不说，谁问都问不出来，您说这马上青春期了，对于这样的孩子，有没有好的方法，让他多和我们说说啊？"

……

上述事例中提到的"生气""不顺心""不开心"都是心理学中经常提到的情绪，而喜怒哀惧作为基本情绪，也是我们每个人都会体验到的。对于这些情绪而言，我们要知道：它们本身没有对错之分，都是正常的体验，所以对于孩子表达出来的这些情绪，我们要给予充分接纳，同时还要引导孩子认识到自己有情绪是非常正常的。

可是既然如此，为什么事例中的孩子却让家长感受到了一些压力或者觉得有问题呢？究其根源是因为孩子体验到不同情绪之后，他们表达情绪的方式让我们有所担忧，对此，我们该怎么理解，怎么应对呢？

接纳情绪

接纳情绪本身，就是觉察孩子情绪表达背后的内在需求。

面对孩子的诸多情绪表现，我们首先要明确一点：现实生活中诸多情绪的存在都是有其价值的，因此面对情绪，首先要做的就是接纳，不仅自己接纳，也要引导孩子认识到他是可以开心、生气、难过、害怕的，而且这些都是非常正常的体验；其次，我们要深入了解孩子情绪表达背后的意义，即孩子想借助这样的情绪向我们传递什么信息，这点对我们而言可能有些难度，我们要更多地通过沟通让孩子自己说出来其真实的想法。比如："刚才我觉得你很生气，你能告诉我发生了什么吗？""我可以随时提供帮助，你需要我做点什么吗？"同时，在日常生活中也要这样做。

了解情绪

了解情绪，就是了解情绪表达的不同方式，了解情绪表达方式的由来，对症下药。

作为父母，我们知道孩子在出生伊始是不会表达自己的各种感受的，不管是什么感受，他只会用一个方式——哭来表达，比如婴儿不舒服了，但是究竟是怎么不舒服了，需要我们大人去慢慢地找答案。由此我们可以知道，孩子的情绪表达方式往往都是后天慢慢习得的。习得方式及应对方法主要有以下几种。

首先，模仿学习。

孩子的情绪表达方式往往是通过模仿学习身边人以及经常接触到的影视动画形象的言行而固化下来的，年龄越小的孩子体现得越明显，因此，我们要时刻注意言传身教，同时要对孩子接触的影视作品进行一定程度的筛选。

其次，结果强化。

还有一些情绪表达的方式，是孩子在成长过程中通过表达结果的强化而固化形成的。比如，有的孩子在有自己的需求后，发现只要自己哭闹，爷爷奶奶或者父母就会妥协或者很紧张，慢慢地孩子就会习得通过哭闹来表达自己的需求，进而满足自己的需求。虽然这样的情绪表达方式并不好，但是孩子却能从中获益，从而会让此类情绪表达方式逐步固化下来。

对此，我们要学会使用这样的强化，即当孩子表现出更为合理的情绪表达方式时，及时给予强化；而对于孩子不合理的表达，一方面要温柔地坚持，另一方面要教给孩子正确的情绪表达方式，并在孩子使用恰当后及时满足他的需求，从而帮助孩子习得更为合理的情绪表达方式。

最后，有意学习。

随着孩子的年龄增长，他会慢慢通过有意学习来找到更合理地表达自己情绪的方法。比如，幼儿园中的小朋友，在老师的引导下可以慢慢学会用语言表达自己的需求而不是单纯哭闹；小学低年级的小朋友遇到困难后，不仅仅会哭，也会求助身边的人，甚至有的孩子会和身边的大人、朋友倾诉自己的不开心；而中学生、大学生就更加明显了。因此，我们要充分利用有意学习，对十岁以下的小朋友多采用情景模拟、讲故事等方法，对年龄大的孩子可以直接进行方法讨论，从而帮助孩子了解情绪表达的恰当方法。

总之，孩子的情绪管理能力是一个长期习得的过程，其学习方式会由于年龄阶段的不同而有所差异，因此我们要根据孩子的身心发展特点，有针对性地进行引导，和孩子一起学会更好地接纳自己的情绪，并能够用合理恰当的方式表达出自己的情绪感受，一起做情绪的主人。

点评

高金芳

己所不欲，勿施于人，我们自己的情绪为什么要施加给别人呢？学会管理情绪是慢慢长大的过程。学会管理情绪，也是我们尊重他人的表现。孩子有的时候并不清楚怎样管理情绪，更不会疏导自己的情绪。这时候就需要家长和老师蹲下来，和孩子一起渡过这个难关。不过分关注，适当引导，恩威并用，赏罚分明……这些方法说起来简单，做起来难，坚持做下来更难。但是我相信，只要我们去做，就一定会有成效。

13

教会孩子控制自己的情绪

史家教育集团（实验校区）

张艾琼

在班里经常会遇到这样的孩子，他们一遇到不合自己心意的事就大哭大闹，摔东西，甚至动手打人，往往情绪发泄完后，又追悔莫及。通过长期观察，我发现这样的孩子大致可以归为以下两种情况。

不懂规则又不会控制情绪

我班里的小五同学，经常会莫名其妙发火，甚至动不动就打人，班里的同学都不敢靠近他。

一天早上，同学们都在忙着交作业，收拾整理自己的东西，"啪"的一声，紧接着"哇哇"的大哭声一下子打破了教室的宁静。我一看，不知道小五这又是怎么了，只见他哭喊着把书本全扔地上了。于是，我一边向他走去，一边问道："你这是怎么啦？"话还没说完，就见他抬起脚狠狠地向旁边一个端坐着的小女孩踢去，我急忙喊道："你为什么打人呢？"谁知他看着我，理直气壮地说："谁叫她不帮我找本呢？"原来是他自己交作业时没找着本，便哭喊着无由头地牵连别人，简直是毫不讲理。我严厉地批评了他，可他的两只大眼睛瞪着我，没有一点儿歉意，完全是一副小霸王的模样……

课上，同学们都在跟着老师书写生字，我刚刚板书完一个字，一转身，小五的座位上空空如也，人呢？我赶紧走到门口，只见他正往楼道尽头走去，我迅速拦住他："小五，你干什么去？"

"我要上厕所！"

"我们是小学生，要遵守纪律，上课的时候想上厕所要跟老师请假，得到老师的允许后才能出教室。"

可他噘着嘴气呼呼地说："我不！"

然后转身向厕所跑去了，简直是一点规矩也没有……

通过跟家长交流，我了解到：原来小五父母好不容易才有了这么一个孩子，一家六个大人就这么一个孩子，所有人都围着他转，孩子想要什么就给什么，不能吃一点亏，也不能受一点委屈，家长没有底线也没有原则的溺爱造成了孩子不懂规则、任性、蛮横的性格。

对于这一类孩子，首先要改变的是大人，因为这些孩子不是"不懂理"，而是"不知理"，他都不知道自己错在哪里。所以，我们的首要任务是让孩子"知理"，首先，告诉孩子懂得遵守规则的重要性。其次，在生活中随时引导孩子遵守规则，比如，作为一名合格的小学生应该遵守哪些规则，在电影院、在商场里应该遵守哪些规则……总之，让孩子明明白白地知道在不同的场合应该怎么做。第三，大人们要达成一致意见，在日常的学习生活中有要求，有原则，有底线。刚开始，孩子可能会不适应，会哭会闹，没关系，他可以哭可以闹，但是哭闹完后还得让他按要求来。我们要明白，这时候孩子的哭闹其实是在试探大人的底线，如果我们坚持，他也就接受了。当然，孩子的不良行为不是一天两天形成的，要改变它们很困难，所以我们要有足够的耐心，不要焦虑，有问题及时沟通，这样慢慢就会好起来。

经过近两年的努力，现在，小五同学不仅课上能认真听讲，眼操、课间操做得也很规范，跟同学的关系也变得融洽起来，虽然偶尔还会发发小脾气，但很快就能反省自己，并努力控制好自己的情绪。

懂得规则却无法控制情绪

还有一类孩子，他们平时看起来乖巧听话，跟普通孩子没有两样，但是一遇到自己不如意的事就会歇斯底里，哭闹个没完，甚至摔东西打人，等发泄完了，他们往往又会后悔不已，然而，下次不如意的时候，他们还会重复那些自己都很讨厌的行为。

小兮就是这样的一个孩子，她很聪明，学习成绩也不错，平时班里的活动她也会积极参加。一次放学的时候，大多数同学都收拾好东西，排队准备放学了，她还没收拾好。她扫了一眼班里剩下的为数不多的几个孩子，突然把书本往课桌上一摔，一屁股坐在地上"哇哇"大哭起来，无论如何劝说都没有用，一直等到她发泄完后才罢休。后来我在跟家长的沟通中了解到，这样的事在家里也时有发生。

经过长时间的观察了解，我发现这一类孩子并不是不懂理，不仅如此，他们很上进，对自己要求也很高，所以无形中给自己极大的压力，一旦不能达到自己要求的时候就会不知所措，从而引发情绪的大爆发，然而，爆发完后又会后悔不已。久而久之，就会陷入这样的一种循环往复的矛盾中。所以，我们的首要任务是让孩子释放压力。从家长的角度来说，要降低自己对孩子的期望值，不给孩子过重的负担，比如，减少课外班，多带孩子参加户外活动等。其次，我们要引导孩子多角度认识自己，从而悦纳不完美的自己。当然，还可以求助于学校的心理老师，多角度为孩子开辟释放压力的渠道。从而，有效帮助孩子学会控制自己的情绪。

点评

谷思艺

在生活中孩子会遇到各种各样的情绪，各种情绪背后又有着各种各样的成因。张老师用心观察、温暖陪伴，走入每个孩子情绪背后的故事，分析成因、耐心沟通、家校联动，从日常点滴做起，建立温暖和谐的亲子沟通环境，帮助蛮横的他树立规范意识，改正不良行为；帮助紧张的她，悦纳自己，建立自信。用爱心感召情感，用智慧启迪心灵，用耐心陪伴成长！

第三章

人际交往

1

家有"社恐"孩子，怎么办

北京市东城区新鲜胡同小学

黄笛

近两年，在小学高年级学生中，出现了这样一些现象：有的孩子每天低着头，不愿和其他人交流；有的孩子一开口就紧张得说不出话；有的孩子害怕被关注，躲避别人善意的目光；还有的孩子认为自己样样都不行，产生厌学心理……他们活在自己的世界里，回避社交，逃避现实，有的打着"社恐"的旗号，在网络上找到了自己的舒适区。

作为社会人，每个人都有与人交往的需要，只有通过正常的人际交往、沟通，才能获得正确合理的社会知识经验，同时获得生活学习的知心朋友，获得困难时的支持帮助者。如果缺乏正常人际交往，就会使人无法满足依恋感，内心的苦闷无法宣泄和排解，人的心理需求得不到满足，这对心理健康也是有害的。

家庭是孩子接受教育的最初环境，家庭气氛的好坏直接影响孩子的情感意志，影响其心理的健康发展。有的父母对子女过于严厉和专制；有的父母对子女过度期望、过分保护；有的二胎家庭由于待遇不公让孩子感到被嫌弃、被冷漠；有的家庭由于气氛不和谐，令孩子敏感而缺乏安全感。这些都会使孩子产生逃避、胆怯等消极心理品质，诱发心理问题。

家长怎样做，才能使孩子走出困境，变得阳光而自信呢？

1．做一个尊重孩子的家长

对于每一个成长中的孩子，家庭给他们带来的影响都是非常巨大的，父母应该经常说一些有温度的话语，拉近亲子间的距离，当孩子感到脆弱无助的时候，最需要父母的理解和宽容，而不是在他们的痛处再踩上一脚；设身处地为孩子考虑，也许他的"不当行为"是对父母发出的"求救信号"，如果我们可以试试用另一种方式看待孩子身上的问题，尽早读懂他，就能把孩子从挫败感中拯救出来。

2．尊重孩子的个性差异

不横向比较孩子，用别人家的孩子激励自家孩子不但起不到推动作用，还会让孩子产生厌恶感。当我们面对孩子的真实面貌后，会发现家长的期望与现实差距太远，所以要降低期望值，我们爱的是一个真实的孩子带给家庭的各种酸甜苦辣，家长要准备好接受孩子成长的各种变化，接纳孩子的不完美。

3．尊重孩子的错误

不对孩子使用负面甚至暴力的语言去伤害他的自尊和自信，这样对孩子的伤害和由此产生的后遗症会远远超过父母的想象与认知；和孩子沟通前预先做好功课，想想怎么开场，在沟通过程中要注意自己的肢体动作和面部表情，创意地化解问题。

作为家长，要用乐观的态度来拥抱孩子的恐惧，用尊重的言语去激发孩子的积极性，用耐心和信任陪伴孩子，直到他的身心变得强大。

点评

杨亚虹

苏霍姆林斯基对于影响儿童教育的六个方面是这样排序的：家庭、教师、集体、自我教育、书籍、社会环境，其中家庭教育是第一篇章。由此可见，在孩子成长的过程中，家庭教育是一切教育的起点和基础，作为父母，首先要明确孩子不是父母生命的延续，他们是拥有独立人格的个体，有属于自己的天赋和使命，他们拥有探索自我成长的权利，"为你好"并不等于尊重。

2 原来交往也需要教

史家教育集团（史家校区）

隗功超

在一次排队上操的过程中，我发现小文同学走进队伍时，小陈、小王、小纪几位同学赶紧后撤一步，离得远远的，仿佛躲瘟疫一样躲着小文，简简单单的排队，几名同学却刻意做出疏远小文的动作。看到这样的现象，还有在为期一周的观察中看到小文落寞的神情、伤心的眼泪甚至自我伤害的行为，我深深地意识到这几位小同学需要我的帮助了。

我决定给几位同学开一次会，在会议开始后，我给每个同学发了一支笔、一张白纸，让他们把自己的想法写到纸上。我问了几个问题：①你们最欣赏对方哪些优点？②你最不喜欢对方的哪些行为？③对方改掉哪些行为，你会愿意和他做朋友？看到几位同学书写的内容可以发现，小文同学非常想和大家做朋友，但其他几名同学并不想和小文成为朋友，因为小文经常打他们、骂他们，这让我非常吃惊。

明明小文那么想和其他同学交朋友，又怎么会出现骂人、打人的行为呢？在沟通中了解到，原来是小文同学与人沟通交往的方式出了问题。在小文的认知中，最要好的朋友一定要起个足够"难听"的外号才倍显亲切，一定要"打打闹闹"才是真朋友，虽然没有恶意，但却引发了其他同学的严重不满。我还发现小文同学因为不太善于表达，因此在和同学沟通的过程中容易着急，无意识地就动起手来了。在与小文妈妈沟通的过程中发现，小文妈妈也不太清楚该如何教孩子和朋友交往。

总之，小文同学遇到的困境是：

（1）不知道交朋友的正确方式。

（2）不会与同学良好沟通。

（3）情绪激动容易动手。

（4）相关的家庭教育缺失。

孩子的交往能力是习得的，家长要关注孩子的交往情况，培养孩子的交往能力。有专家认为，预测一个孩子成年后的生存能力，不是看他现在的学习成绩，也不是看他乖不乖，能不能遵守课堂纪律，而是看孩子能不能跟其他孩子合得来。在亲子沟通与相处中，家长有意识地培养孩子的交往能力是非常重要的。

那么，家长该怎样培养孩子的交往能力呢？

1．以身作则，榜样力量

教育家陶行知先生说"千教万教教人求真，千学万学学做真人。"父母作为孩子的第一任教师，是孩子崇拜和模仿的对象，是影响孩子行为习惯最重要的信息来源。家庭教育的最大特点便是潜移默化。家长在日常生活中的言行往往不知不觉地影响着孩子。家长的行为习惯、是非标准、待人处事的态度、道德观念等诸多方面都时刻在影响着孩子。因此，如果在家中，孩子犯错后，家长动辄辱骂、打孩子，长此以往，就会影响孩子的行为模式，使其在与同伴交往产生矛盾后，也会模仿家长的行为方式。

2．教孩子学习沟通

在家庭教育中，应该教育并规范孩子的沟通方式。例如：如果想和某个同学交朋友，主动而真诚地赞扬肯定比给同学起所谓"亲切的外号"要好。如果跟同学发生矛盾，应该鼓励孩子用语言跟小朋友去沟通，自己独立去解决问题，增进朋友之间的友谊。如果惹朋友生气了，道歉后还可以继续做朋友："对不起，我不应该这样说你！""对不起，我以后再也不会那样笑话你了……""请原谅我，我们以后还是朋友，好吗？""对不起，请接受我的道歉吧！"

另外，应该教孩子学会良性沟通。在《非暴力沟通》一书中提到了四点要素：观察、感受、请求、需求。

- 观察：学会陈述事实，而不是妄加评论。例如：如果自己心爱的钢笔不见了，焦急万分时，应该问同桌："我的钢笔不见了，你看到了吗？能不能帮我找一找？"而不应该问："是不是你偷拿了我的钢笔？"教孩子只描述现象，而不是陈述自己的揣测。

- 感受：学会表达自己的感受而不是指责他人。例如：如果一个同学不小心说了伤人的话，我们应该直接表达自己的感受："你这样说，令我非常难过和心痛，我感觉伤害到了我的自尊心。"这样表达只是在表达自己的感受，没有指责他人，但会让说错话的同学意识到错误，甚至引起愧疚。如果我们直接用言语反击，反而会造成矛盾升级。

- 需求与请求。清楚地告诉对方，我们希望他们做什么，我们提出的需求或请求越具体越好。如果我们的意思含糊不清，别人就很难了解我们到底想要什么。

我们相信，如果小文同学能够表达出被同学们孤立之后的痛苦与难过，并且真诚地道歉，有意识地修正自己的行为，学会和同学沟通，凭借着豪爽、包容的优点，他一定会结交到很多朋友。

家长在培养孩子交往能力的过程中，也应该引导孩子不要为了迎合别人而假装表现出自己很喜欢的样子，只为取得别人的好感，要明白花香自有蝴蝶来的道理。但也要能分辨是非，如果自己做得不好，伤害了别人却依然我行我素也是不对的。

通过老师和家长的引导，小文同学再也没有出现过动手打人的情况，并且交到了两个新朋友，原来不喜欢小文的小陈和小纪也开始和小文交流、交往了。小文的学习动力也越来越强，上课积极举手发言。作为小文的班主任，看到他的进步和日益绽放的笑脸，我由衷地感到高兴。

但是，我观察到小文在与同学沟通中虽然有进步，但有时候表达方式还是容易激动，处理问题欠妥。应该继续定期和家长沟通，家校联动，助力小文学会交往。

点评

赵慧霞

小学生正处在心理与行为发展的关键期，通过交往，孩子能将自己与同伴进行比较，发现自己的优点和不足，促进自我认识和自我评价。良好的伙伴交往可以促进孩子认知水平的发展，在个体生活、个性培养和社会化发展中，起着非常重要的作用。文中隗老师及时发现了孩子们在交往过程中出现的问题，并进行了矫正及引导，让孩子有充分表达情感的机会，帮助孩子逐步学习、掌握社会道德规范和人际交往规范。

3

孩子交朋友，
大人怎么帮

史家教育集团（史家校区）
王宁

美国心理学家卡内基认为：成功等于 30% 的才能加上 70% 的人际关系。可见，培养孩子的交往能力对于孩子的成长和未来发展都格外重要。缺少正常人际交往的孩子，往往会表现出如下适应困难：拘谨胆小、害羞怕生、孤僻退缩，或以自我为中心、不能合作、任性攻击。而人际交往中的尊重、分享、合作、关心则是预防和治疗这类问题的灵丹妙药。由此可见，从小培养幼儿具有良好的人际交往能力和水平，对促进其心理健康发展、预防各种心理疾病，有着积极而重要的意义。

孩子在交往过程中出现问题，究其原因，可以分为自身因素和外在因素。我们先说说自身因素。

小安是一个极其安静的小姑娘，她喜欢看书，只要一有时间就坐在座位上，一本接一本地看。读书给她带来很多乐趣，她能写一手好文章，几乎次次的习作点评课上，都能受到表扬。但她过于沉浸在书籍的海洋里，不爱与人交谈，多少次我看到同学主动找她谈论起书中的事情，她都眼神躲闪，低头不语，甚至起身走开。久而久之，就很难交到朋友了。

这就是典型的自我封闭型的孩子，性格内向，胆子也比较小，缺乏自信，很在意他人的看法。于是为了避免尴尬，就选择少开口、少表现的方式掩饰自己，时间一久就更加不善言谈、不爱交往。

还有一种孩子，本身很有交友的愿望，但由于环境、家庭等外在的因素，在交往中出现了问题。

小宋是个很活泼的男孩，课间经常拉着老师侃侃而谈，但有一个不好的习惯，就是爱告状。"老师，小力刚才用力拍了我一下。""老师，他总是想拿我的铅笔。""老师，他刚才冲我做鬼脸。"……

在我们看起来非常正常的孩子间的玩闹，在小宋口中都成了恶意伤害，同学们开始疏远他。当我和家长沟通后，终于明白了其中的原因。小宋幼儿园时个子比较小，在小区里玩耍时常和几个高个子男孩打闹，磕磕碰碰的事情时有发生。有一次不小心被绊倒磕伤了头部，还缝了几针。家里的老人这下心疼坏了，每天都仔细地看护着，从幼儿园接回来的第一个话题也是"今天有没有挨欺负？有人欺负你，一定要告诉老师……"就这样，小宋渐渐对他人越来越没有安全感，对同学间的正常交往也变得过于敏感，于是总也交不到好朋友。

当然，孩子的交际问题远远不止这些，每个孩子的情况也各不相同，分析清楚问题所在，才能"对症下药"。而作为老师和家长的我们，该如何帮助孩子，让他们乐于交朋友，并且善于交朋友呢？试试这几个"小妙招"，也许能帮助孩子拥有一个好"人缘"。

1. 微笑帮你打开一扇门

学会微笑是交友第一步的"必杀技"，在结交朋友的过程中，这会让对方感受到友好和亲近，也让自己更加自信，就像是打开了一扇交友的大门，吸引小伙伴走进这扇门，缩短心灵上的距离。这听起来过于简单了，但其实对于孩子来说却并不容易，紧张、羞涩甚至胆怯都是孩子不敢主动示好的重要原因。在家里和孩子练习微笑，笑着说话、笑着打招呼、笑着做游戏……练习得多了，自然就会了。孩子一旦成功学会微笑，家长就应该立刻大大鼓励，渐渐微笑就会成为习惯。谁会拒绝一个"微笑天使"伸出的友谊之手呢？

2. 会倾听才更受欢迎

很多孩子爱说、会说，在人群中总会成为"小演说家"，指挥着同龄伙伴做这做那，但却不太懂得倾听别人的想法。看似成为伙伴中的主导，却一不小心就与"小霸王"一步之遥。如果长期以强势的姿态与朋友相处，可能也会让朋友渐渐远离。学会倾听才能更好地融入，我们大人就是孩子最好的榜样。在家庭中，与孩子交流时要交汇眼神，平等对话，你说我听，我说你也不能打断，无论是哪方的想法是正确的，对方都要及时肯定。当习惯主导的孩子能够把握这样的交流方式，相信他会收获更多的"拥护者"。

3．大方邀请做"主人"

教会孩子邀请别人一起玩很重要。一个小玩具、一张小贺卡、一本故事书、一个小秘密，甚至上学路上的一句问候，都能成为开始一段友谊的神秘道具。快告诉孩子这样的方法，再帮孩子创造一个和同龄伙伴玩耍的机会，相信就可以看见孩子主动走到人群中去，开拓自己的"主场"。

4．做自己真的很重要

孩子都有自己与众不同的性格特点，也有着稀奇古怪的创意，不同孩子之间也能够用某种特殊的方式建立联系。有时，我会听到家长对孩子说："你别总和别人不一样，你如果想和他们一起玩，可以先假装喜欢这个玩具，要不人家会不带你玩的。"不要强迫孩子和别人一样，更不要因为要融入而迁就对方的喜好。面对不喜欢的人或事物，要有自己坚持的态度，可以礼貌相处，也可以敬而远之，千万不要虚假地接受甚至讨好，这样的交友观会让孩子越来越被动，只能"跟着跑"。正向引导孩子尝试其他方式解决困惑，比如寻找志趣相投的伙伴，开启新的话题，创造新的游戏等，都是不错的办法。

掌握这些技巧，从根本上能够提升孩子的交往能力，这需要一个漫长的学习和锻炼过程，也要随着孩子年龄的增长、心智的发展做出及时的调整。作为老师和家长的我们，需要时刻关注、积极沟通、加强引导、家校共育，做好孩子成长道路上的引路人。

点评

鲍虹

马克思指出："人是一切社会关系的总和。"在经济飞速发展、科技日新月异的时代，人类命运共同体、世界地球村已成为不争的事实，在这样高度融合、深度契合、依存共生的时代，沟通能力俨然已成为一个人生存的必备条件、发展的必需条件、立业的必要条件，善于沟通可能天涯也会成咫尺，自我封闭也许咫尺也会成天涯。本文以"孩子交朋友，大人怎么帮"为题，抓住了低龄孩子的阶段特点，抓住了孩子能力培养的重点，也抓住了当前五育并举、素质教育的关键。特别是"微笑""倾听""主动""个性"等观点，以小见大重在细节，以微知著源于生活，以量积质培育习惯，实用管用，可做可行，一起行动吧！

4 遭遇孩子的"前青春期"

史家教育集团（史家校区）

王靓楠

发现问题情景

经过了疫情期间的"网课"学习，孩子们进入四年级——一个从中年级向高年级过渡的阶段，身心发生了巨大的变化，自己的个人空间变得越来越神秘。

在一次课间的交流中，我发现孩子们流行写书——写小说，在谈及到所写主题时，有的同学直言不讳地说自己所写的是与爱情主题相关的内容，并且十分愿意和其他同学分享自己的创作。发现这个情况后，我找孩子要来了他们的作品，故事的创编者均是女生，故事大多是讲男生与女生之间的相互帮助、相互配合做事，并非成人视角下的"爱情"。

情景问题分析

从客观角度来看，疫情期间，学生居家学习，网络似乎成为主渠道。网络是一把双刃剑，孩子在不知不觉间便接触到了一些不符合孩子认知的事物，如：有的孩子有自己的微信号，而部分公众号所发送的文章，标题具有吸引力，点击进入后却是不良内容，在潜移默化间，孩子其实已经知道了相关事情。

从孩子自身的成长变化分析，四年级孩子开始转变思考方法，从过去笼统的印象判断转变为具体的分析，对待问题会有自己的思考。这些分析主观性较强，偏重对自己感到好奇或新奇的事物认真分析。在心理学上，具体分析问题的能力是抽象思维的前提，分析问题就是独立认识问题的过程。相比较而言，女孩子比男孩子稍早一步。这是女孩子的生理发育特征决定的。

要想使孩子形成正确的性观念，让孩子在和谐的家庭氛围中成长是必不可少的。父母应同孩子建立良好的沟通关系，尊重孩子，并且家长双方需要统一性教育的观点行为，鼓励孩子表达出自己对相关问题的态度和看法，才能够使家长和教师了解孩子的真实想法，这样不仅能帮助孩子发展筛选合理的性教育渠道的能力，也能帮助学校进一步对孩子进行系统、全面的性教育。此外，我们传统文化的道德观也能引导家长为孩子营造良好的性教育氛围，如我国伦理道德所注重的家庭稳固、夫妻之间相敬如宾、父母应做好儿女的榜样等，都能使小学生在两性关系以及性价值观上得到正确的引导。再者，传统文化中的"齐家、治国、平天下"也将家庭与社会紧密联系在了一起，折射出家庭对塑造孩子人生观、世界观的重要性，影响着社会及国家的发展。因此，家长应继承我国传统文化的精华，与现代优秀的主流文化思想相结合，调整家庭中的不良观念，为孩子的性教育奠定坚实的基础。

家长虽然知道相关的道理和知识，但面对懵懂的孩子，却依旧不知如何引导。进入中年级的孩子，对于"爱情""性"等词汇略有敏感，但孩子们对于这些词的看法是本真善良的，是美好的，因此在提及性教育时，要先建立两个意识：避免被情绪带偏认知，家庭性教育要有别于学校性教育。

深入情景，探寻方法

1. 科学认知儿童性发展规律，消除家长紧张、慌张的情绪，家长应该了解到科学认知的发展具有规律性和普遍性，这样面对孩子出现一些行为时就不会过于紧张、惊慌甚至愤怒。家长要尝试从内心深处做出改变，与自己的孩子成为朋友，互相信任是最重要的基础。

2. 要接纳自相矛盾的孩子，他们有着互相矛盾的心理诉求，既想得到爸爸妈妈的照顾，又有着对青春期的期待，有自己的秘密，享受独立性和别人对他的尊重。在这样的情况下，我们要做到在思想上尊重他，在情感上呵护他，在行为上引导他。

3. 关注性别认同教育，在日常生活中，要避免固化的性别角色认知和过分追求男女平等。父母首先要接纳孩子的性别，让男孩认识到自己是男性，让女孩认识到自己是女性。性别认同是孩子自我认知的重要部分，这会使他对同性的性别特征抱有好感，并希望拥有这些性别特征。另一方面，我们千万不要过分惩罚孩子性别认同中的不恰当行为，要给予孩子更多的关注，父母配合，完成对于孩子的引导。

4. 作为家长，要调整自己的精神状态，心中有爱，眼里有光，努力成为孩子的好榜样。

点评

徐莹

面对孩子的成长，我们需要做理性的家长、智慧的教师。我们还要有充分的准备，对孩子多一分理解、宽容和信任。正如王老师在文中的观点，在这个过程中，我们要引导孩子们正确面对问题，努力超越自我；克制不良情绪，构建和谐氛围；充分信任孩子，积极面对生活；家校积极配合，形成教育合力。孩子们的"前青春期"已到，青春期还会远吗？而我们，为人父母与为人师者，要做的就是陪伴孩子们快乐地度过这段时期，让青春期成为孩子一生的完美转折点。

5

孩子之间闹矛盾，怎么办

史家教育集团（史家校区）

单文婷

在孩子的学习生涯中，有十几年的时间，都是在班级中和同伴一起度过的。在成长的旅途中，小伙伴之间会有愉快的共处时光，也会有小摩擦，甚至是小矛盾。因此，引导孩子建立良好的人际关系，使用恰当的沟通方式，理智地化解生活中和同伴的小摩擦，是非常重要的。

孩子之间闹矛盾，家长怎么办？

1. 耐心倾听，分析原因

当孩子告诉您，他和小伙伴产生摩擦时，请先不要着急，要先耐心地倾听孩子的叙述，了解事情的来龙去脉，并分析摩擦产生的原因。这种情况大体可分为三类：

（1）寻求关注

如果摩擦很小，但是孩子却念念不忘，总想找您倾诉，可能是孩子在表达想要得到关注的渴望。这时候您需要思考，陪伴孩子的时间是不是比较少？孩子是不是没有倾诉的伙伴？家长则需要尽量多陪伴孩子，并引导孩子宽容对待伙伴，逐渐就会缓解孩子的焦虑情绪。

（2）寻求帮助

孩子遇到困难，不知道如何解决，也会寻求家长的帮助。此时，就需要家长帮助孩子提出一些切实可行的建议，或者通过情景模拟再现，帮助孩子掌握沟通技巧，培养相互理解的同理心，孩子就会知道如何自主解决和处理问题。

（3）寻求庇护

在犯错误时，人本能会产生"逃避"的冲动，所以孩子在意识到自己做错事情时，有可能会将情况有取舍地进行描述，以避免批评。家长一定不要过于冲动，要引导孩子，大力表扬孩子主动承担的勇气，然后再耐心地和孩子讲道理。家长也不要维护孩子的过错，而是要帮助孩子耐心分析不当之处，并且鼓励孩子去改正。通过鼓励的方式，引导孩子养成知错能改的良好品质。

2．理解包容，给予方法

儿童人际交往的目标是愿意与人交往，能与同伴友好相处，具有自尊、自信、自主的表现，关心尊重他人。所以我们应本着接纳、理解、宽容的态度引导孩子学会处理小伙伴之间的矛盾，帮助孩子建立信任感，引导孩子以良好的方式和小伙伴进行交往。如果孩子的情绪较为波动，要先安抚孩子的情绪，例如，可以回应孩子："听上去确实让人很生气，如果是我，可能我也会很生气。""那你一定难过极了。"切不可简单武断地按大人的理解去解释："这有什么可生气的，他一定不是故意的。"或者"他就是故意的，你不要和他玩了。"我们可以给孩子一些时间，等孩子情绪稳定一些后，引导孩子说出自己的想法："那你想怎么做呢？""这样做，你觉得会有什么结果呢？""如果你们俩交换一下角色，你觉得他应该怎么做呢？"和孩子一起分析不同处理方式的不同结果，学会换位思考。另外，还可以传授一些沟通技巧。例如，可以教孩子说："你撞到我了，我有一些疼，希望你不要在班里跑。""虽然你把我的文具弄坏了，但我相信你不是故意的，希望你下次小心一些。"

同时，我们要知道，孩子的世界观和成年人有很大区别，所以孩子之间发生的矛盾，要避免受到太多成人的价值观干扰。例如，小红觉得小明的笔很好看，便没有和小明说就拿走了。从成年人的角度来看，小红的做法非常不好，而且很不礼貌。但是从小红的角度进行分析就会发现，在她的世界观中，喜欢的东西就是可以拿走使用的。因为在自己家里面，所有的东西都是可以任意使用的。如果您是小明的家长，这个时候要多理解包容小红，多站在儿童的角度进行分析，相信每一个孩子都是单纯和善良的，不要过于武断用负面的词语给儿童的行为下定义。

3. 以身示范，家校合作

在家庭教育中，父母对孩子的态度和方式，也会影响孩子为人处世的方式，和孩子沟通的时候，也要用尊重、赏识、平和的口吻。入睡前还可以读一些绘本故事，帮助孩子学会与人友善交往。

还可以多和家长们交流经验，多陪伴孩子，帮助孩子建立对他人的信任感。

在学校，老师充当着为孩子们保驾护航的角色。当孩子之间发生小摩擦时，家长要积极配合老师，以正确的处理方式引导孩子。当孩子与伙伴之间沟通遇到障碍时，家长要及时和老师共同探索更恰当的方式，要相信老师，并保持良好的家校合作关系，共同守护孩子的成长。

在生活中，家长要关注孩子与小伙伴之间的相处模式。在亲子沟通时可以这样问孩子，"你最近很开心，和小伙伴相处得一定很好吧。""你的小伙伴是个优秀的孩子，那要好好相处，互相学习彼此的长处。"并且鼓励孩子，在发生小摩擦时，要多站在对方的角度考虑，以包容的、大度的心态面对每一个小伙伴，使孩子成长为一个宽厚且善于与同伴沟通的人。

点评

周育

孩子之间发生矛盾是很正常的现象，家长一定要担当好引导者和帮助者的角色，让孩子迅速摆脱这些干扰，健康快乐地成长。当孩子之间发生小摩擦时，家长应当如何分析和处理呢？单老师的这篇文章从"分析原因"到"给予方法"，最后再到"家校合作"，给予了家长们很好的育儿思路和方法参考。耐心倾听、理解包容、以身示范，更是家长朋友们在和孩子相处时需要关注的。孩子的思维与成年人还是有很大差异的，家长要学会从孩子的角度出发，来看待他们之间的摩擦。

6

"早到的爱",
该怎样对待

史家教育集团（史家校区）

刘欢

如何看待孩子"早到的爱"？

对于家长来说，孩子的教育问题是一件长期的持续性话题。尤其是孩子到了高年级，家长们可能会遇到这样的情况：

案例一：小云妈妈思虑再三，跟老师说了她的担心。最近，她发现孩子总是闷闷不乐的，沟通之后发现，原来孩子对班里的一位男同学有好感，但是对方好像没有这个意思，而且也不太愿意跟她玩儿，导致孩子最近不想上学了。

案例二："刘老师您好，我最近发现馨馨和扬扬经常很晚了还在打电话、发信息，而且语气似乎也超越了同学之间的关系。孩子正处在青春期，我怕这件事会影响她的身心健康和成绩。"

案例三：辰辰的爸爸最近发现了孩子的一些变化，他现在特别重视自己的穿着打扮。比如特别爱照镜子，写作业的时候也不忘对着镜子看看；特别宝贝自己的头发，每天上学前都要抓头发弄出满意的发型才出门。最近，孩子经常提到一班的小懿，在收拾孩子房间的时候，他不小心看到了两个人之间的通信，信中的内容已经超越了同学之间的关系。家长觉得孩子是早恋了。

像这样的例子在小学高年级屡见不鲜，孩子到了青春期容易被异性吸引，这其实并不奇怪。面对这种情况，家长们陷入了极度的不安，他们在想孩子是不是早恋了。但是作为老师，我认为孩子们的想法可能并没有那么复杂，如果非要给它起个名字，我倒是觉得可以暂且叫它"早到的爱"，这种所谓的"爱"也不过是孩子心理成长过程中的一个阶段而已。

当然，我也不是说可以放任男女生交往，有的家长担心孩子对异性产生好感会带来很多问题，比如影响身心健康、学业成绩以及生活等，有的甚至会影响到孩子的未来。家长的担心也不无道理，如果父母不能正视问题的存在并进行正确的疏导，导致的后果也可能会非常严重。

如何发现孩子"早到的爱"？

有些家长可能会很困惑，为什么我的孩子平时成绩特别好，在家里也很听话，也没发现他和以前有什么不一样的地方，怎么突然之间就恋爱了呢？为什么一点信号都没有呢？其实信号早就出现了，只是家长由于工作忙碌或者亲子沟通、家庭教育不到位等原因，与信号擦肩而过了。

如何发现孩子"早到的爱"呢？比如，孩子以前对形象并不怎么在意，最近突然喜欢打扮自己、爱照镜子了，每天整理自己的服装和发型；比如，孩子以前挺活泼开朗的，最近突然变得沉默寡言了；比如，孩子在某段时间里总是提到某位异性同学的名字；除此之外，学习成绩下降、偷偷写信、哼唱爱情歌曲等现象，都可能是孩子"早到的爱"的信号。只有善于发现，家长才能抓准时机，掌握教育的主动权。

怎样处理孩子"早到的爱"？

面对孩子"早到的爱"，家长该如何正确看待这个问题？又该怎样处理孩子之间的关系呢？我认为应疏堵相宜。对于"早到的爱"，要具体问题具体分析，该保护的心理要保护，该疏导的地方要疏导，该反对的行为要反对。

1. 该保护的心理要保护

面对孩子"早到的爱"，家长不要莽撞行事。不要张嘴就是："你还小，这样做是不对的，你应该怎样怎样做！"不能不问青红皂白就指责孩子；更不能一上来就企图镇压平息事件，因为这些方法往往会适得其反。这个时候需要家长能够冷静下来，去思考解决问题的策略了。比如，遇到这种情况时，您首先要做的是尊重孩子，保护孩子的心理。您可以通过与孩子平等的沟通，赢得他们的信任，孩子在和谐的家庭氛围里、平等的交流对话中，一般更容易敞开心扉、说出实情。

如果您是案例一中小云的妈妈，在与孩子进行沟通时可以这样说："孩子，我很担心你在这件事情中会受到伤害。"不要和孩子说:"你不上学,怎么对得起爸爸妈妈? 这么做太让妈妈伤心了。"因为前者表达出的是父母对孩子的关心,后者给了孩子很大的压力,表达的意思是让孩子关心、体谅父母。我们只有让孩子切实地感受到来自父母的爱与关心,孩子才更容易接纳父母的意见。

2.该疏导的地方要疏导

面对孩子"早到的爱",家长要在尊重、保护孩子的基础上进行适当的疏导。如果您也面临案例二和案例三中家长遇到的困惑,会发现这类孩子通常很执拗,对于家长的建议听不进去,这个时候,您可以采取"降温不隔离"的方法。

比如,馨馨妈妈和辰辰爸爸就可以装作不知道,以幽默的方式和孩子聊聊对方的情况,通过孩子的反应,我们可以有一个初步的判断。如果真的发现他们的关系过于亲密了,您也不要过于指责孩子,一定要和孩子好好沟通,给他讲明利害关系,树立正确的交友观。最重要的是让孩子感受到父母对自己的信任,相信自己可以处理好这段关系。在不断的沟通中,孩子得到了您的尊重,您得到了孩子的认可,您的话孩子也会细细地聆听、认真地思考。

3.该反对的行为要反对

客观地说,所谓"早恋"中的不良行为在小学阶段还是少有出现的。但如果孩子和异性出现了肢体接触,比如,牵手、拥抱;比如,孩子因这份"早到的爱"和别人大打出手;再比如,有的时候甚至有这种情况,一个男生喜欢一个女生,但由于他没有经验，用了一种错误的举动来表白等。对于这些行为，家长就必须要采取鲜明的反对态度了。

　　总而言之，面对孩子"早到的爱"，家长一定要尊重孩子、理解孩子，用真诚的关爱换来孩子的理解。在思想方面，积极疏导；在行为方面，守住底线。这样才能让青春期的孩子们安全地度过这段美丽的"危险期"，才能帮助他们正确地面对和处理好这份"早到的爱"。

点评

杨京

　　"爱"，源于生命，呵护生命成长，陪伴生命路程。本文涉及的现象是小学高年级老师们常见的，也常常带给家长们一定的焦虑和隐忧。

　　如何面对儿童朦朦胧胧的"早恋"，如何引导这份"早到的爱"平安落地，让青春期"不危险"，刘欢老师做出了自己的思考。

　　第一，家长要有觉察意识：做到关心孩子不忽略，觉察同时暗关注，把握时机不松懈。

　　第二，家长要有应对原则：做到疏堵相宜不粗暴，尊重平等多沟通，亲子互动成朋友。

　　家长的硬性反对往往会激化矛盾甚至反而促成"越线"，操之过急是大忌。家长一定要拥有自己的智慧，尽可能做到睿智、幽默、冷静，尽可能做到倾听孩子的心声。除此之外，家有家规，一定要有对于孩子底线的最基本要求，让孩子们平稳度过这段不稳定的"情感"时期。

如何引导孩子合理有度地进行网络交往

史家教育集团（史家校区）

高江丽

"孩子在微信上跟同学发生了争吵，俩人都出言不逊，本来关系挺好的，现在简直水火不容。"

"老师，孩子只是往同学群里分享了一些自己喜欢的动漫图片，结果就被几位同学骂得很难听，我作为家长看了都无法忍受……"

"孩子总爱微信聊天，有时还会跟陌生人聊天，我真的很担心。"

随着网络在生活中的普及，以上网络交往问题在孩子们成长中屡见不鲜，常见的有以下三种情况：

过度依赖，矛盾频出

小冉是我们班一个活泼的小女生，喜爱交朋友，经常会和朋友们网聊。妈妈嫌她花在网聊上的时间太多，她却反驳道："我如果不跟朋友们保持沟通，就被 OUT 了。"聊得多了，难免会聊一些同学之间的八卦，不经意间小冉的话传到当事人耳朵里，原本要好的两人却在微信聊天时争吵起来，越吵越凶，最终友谊的小船彻底翻了，还惊动了双方的家长。

随着孩子长大，渴望友谊是每个孩子的成长需求，像小冉这样依赖网络聊天加强友谊的情况不在少数，但过度依赖就容易引发矛盾。作为家长，怎样才能引导孩子合理有度地进行网络交流呢？

我建议小冉的妈妈从两方面入手：一方面，在时间和精力允许的情况下，努力为孩子们创造当面交流玩耍的机会，减少孩子网络交往时间，一旦出现交往问题，当面解决更容易化解误会；另一方面，带着同理心帮助孩子解决问题。

首先，我们不能因噎废食，通过没收手机或删除微信、退群等方式，断绝孩子跟网络群体的接触，这样既不利于孩子的人际交往，也不利于亲子间的和谐有效沟通，更不利于孩子自信心和健康心理的建设。我们不要受孩子不良情绪的影响，不要让自己的情绪失去理性而陷入不能自控的境地。

其次，要耐心倾听，中肯回应。事情发生后，面对家长的询问，孩子往往都会做出利己的解释。这时需要我们耐心倾听孩子的表达，孩子说得有道理的地方，要通过语言回应或点头等身体语言给予肯定回应，表达出对孩子的同理心和支持；对于孩子认知或行为不恰当的地方，等孩子倾诉完，要予以中肯的引导，帮助孩子形成正确的认知。

最后，帮助孩子分析原因，积极引导。本着宽容待人、积极友好的心态，帮助孩子分析事情发生的原因，倾听孩子解决问题的办法，然后给出中肯的建议。小冉的妈妈采纳了我的建议，经过一段时间观察，小冉不再像以前那样依赖网络交往了，且更会与同学交往了。

线下矛盾，线上激化

刚放寒假，我就接到了豪豪爸爸发来的信息和微信群交流截屏，义愤填膺地倾诉豪豪在同学交流群里，因受到不友好对待而跟小伙伴儿发生冲突的委屈。多方调查后，我了解了整件事情的来龙去脉：豪豪把自己喜欢的三十余张动漫图片一张张分享到了同学交流群，引起了群里一部分同学的不满，认为豪豪的刷屏行为没有尊重网络公共环境，不仅打扰了大家，而且影响到了大家的交流，尤其是平日里跟豪豪相处就有摩擦的几位同学，在群里用过激的语言表达了自己的不满，豪豪也不甘示弱，生气地怼了回去。最终矛盾激化，引起了家长和老师的关注。

进一步了解后，我发现豪豪的网络交往冲突，源于日常交往中跟同学积累的点滴矛盾，本就互相不满，偶然失当的网络行为就成了矛盾爆发的触发点。于是，我建议豪豪爸爸从长计议，关注孩子日常与伙伴的交往情况，及时给予恰当引导。

像豪豪这样与同学存在的日常交往问题，往往包括以下三种情况：①孩子自身言行不当，如缺乏礼貌、斤斤计较、负能量猜想同学言行等；②孩子性格强势，遇事不能换位思考，给伙伴带来交往压力等；③由于孩子自信心不足等原因，孩子在同伴交往中处于较弱势的一方，容易被同伴不友好对待。针对以上孩子日常交往中的问题，家长要及时反思并调整日常家庭教育，做到以身作则，为孩子营造健康和谐的家庭环境，积极正向引导孩子调整完善自我。

轻信网友，上当受骗

小若是一个渴望友谊但又不太自信的五年级小姑娘，因为父母工作忙，经常一个人独自在家上网课。一天，我接到她发给我的一条信息，说有一个自称是某明星助手的人加她微信好友，而这个明星正是小若喜欢的。结果对方用威逼利诱的方式骗小若几次转账给他，直到金额过大被父母发现报警为止。善良的小若为了不让更多同学有她这样的遭遇，鼓起勇气给我发了信息。

生活在网络无处不在的当下，很多孩子像小若这样长时间接触网络，很容易受到五花八门的网络资源冲击。处于青春期的孩子自我意识增强，对新事物往往抱有好奇心，但因年龄小、阅历浅，因而对良莠不齐的网络资源辨识度有限，容易受到不良网络资源的影响，甚至上当受骗。针对这种情况，家长要默默关注孩子网络资源使用情况，发现问题时，不要焦虑和担忧，在日常教育中渗透相关价值观，尽量及时给予孩子"无痕"且贴心的引导，帮助孩子学会辨识网络资源，合理有度地使用网络资源。

总之，问题的出现往往是多方面因素所致，而且需要有一个行为和思维习惯的积累过程，这就需要家长在帮助孩子解决了一件事情后，持续关注孩子的行为和思维习惯是否真正有所改善。对于孩子做得好的地方及时肯定鼓励，不断强化正向认知，使孩子从中获得成就感，进而养成良好的行为和思维习惯。此外，家长还可以和孩子一起制定网络使用计划，逐步减少每天上网时长，增加亲子交流和户外活动时间，劳逸结合安排一天的学习、运动和上网时间。

点评

宋菁

网络技术的发展，对学校教育和社会教育以及传统的家庭教育都提出了挑战。教师如何指导家庭教育更好地适应当今的网络时代，高江丽老师用自己的思考与实践给家长们出谋划策。针对小学生网络交往中常见的问题，家长首先要及时反思并调整日常家庭教育，做到以身作则，为孩子营造健康和谐的家庭环境，积极正向引导孩子调整、完善自我。发现问题不要焦虑，及时给予孩子"无痕"且贴心的引导。家长树立正确的价值观，不断完善学习现代教育理念，家校配合，一定能够让孩子合理有度地进行网络关注。

第四章

习惯培养

1

愉悦进餐，
和挑食说"拜拜"

北京市东城区大方家回民幼儿园
冯羽

"我不喜欢吃菜！""我不饿……我不想吃……"
"我们家孩子就是不爱吃东西，还长身体呢！这可怎么办！"
"老师，您就帮我盯着他多吃点，不吃完不行！"
"他在家就不好好吃饭，这上了幼儿园可怎么办啊……"

几乎每一个孩子入园的时候家长都会担心孩子的进餐情况，因为幼儿园的一天是有规律的活动，并不像在家里如果饿了可以随时"补给"，有许多小朋友在"吃"上可犯难了，经常全家人一起发愁、紧张……

请家长朋友们不要着急，先回忆一下自己有没有这样的情况：在与幼儿的交谈中过于关注或是经常询问幼儿吃饭情况，威胁幼儿在幼儿园如果不好好吃饭，回家可没有饭菜……这样的行为容易带给幼儿一些消极的情绪，"吃饭"就像"任务"，从而使幼儿对进餐产生抵触。

在家庭的饮食结构中，肉、菜类比例不太均衡，全家都爱吃肉或是都爱吃菜；同时家里做饭也很难像幼儿园那样蔬菜种类丰富，所以久而久之，幼儿没有尝试或习惯某些蔬菜的味道，自然会很"痛苦"。

每到进餐时总是上演"逼迫"；或是"吵闹"，又或是"威胁"的情境，这样的状态和氛围给孩子带来了非常大的心理压力，久而久之，孩子就会更加"厌烦"吃饭。

在进餐习惯的培养中，家长的强势会为幼儿带来压力，而漠视也会向幼儿传达出"不重要，不理会"的信息。那么，怎样帮助幼儿养成良好的进餐习惯呢？

1. 不能过于着急

对于幼儿饮食的喜好与进餐习惯的改善不能过于着急，过急也许会带来幼儿生理、心理的双重负担。孩子越是排斥进餐，家长越需要心态平和。我们仔细回想一下，自己幼年时或是内心深处是不是也有不喜欢的食物？所以对于孩子的情况我们要理解、接受，但是这并不意味着放任不管。我们要调整心态用多样的方式去鼓励孩子。当他主动并成功地吃完一个自己以前排斥或是不喜欢的食物时，请积极地、夸张地去表扬："你太棒了！今天你战胜了自己！""你就像大老虎一样，啊呜地吃掉了有营养的食物，变得强壮了！"或是在与幼儿提前商量好的情况下，允许孩子吃定量（少量）的自己喜欢的东西作为奖励。

2．改善家庭饮食结构

可以结合幼儿园食谱尝试制作"同款蔬菜"，帮助幼儿逐步适应。对于在幼儿园常吃的食物，在家里也要经常吃，让这些食物出现在家庭餐桌上，通过家人相互"争着吃""抢着吃""夸着吃"的状态带动幼儿进餐情绪，从而使幼儿逐步接受不同食物的味道。

3．少盛多添

进餐量由少变多，不是一蹴而就的。当孩子面前有一大碗饭的时候，他的内心是非常忧虑的，本就消极的心情，更是雪上加霜。由此少盛多添就变得尤为重要，也会在一定程度上减少孩子内心的心理压力。

4．开展家庭进餐小活动

幼儿园的孩子相互之间会产生小"竞争"的心态，在家里也可以有这样的小"竞争"。家庭成员可以与孩子一起进行"比一比"的小游戏，与幼儿同桌进餐，让幼儿在学习、激励与模仿中进步；开展"我们一起来光盘"，制作家庭"光盘"小表格，进行"光盘行动"打卡的活动，通过打卡积分促进幼儿积极进餐；玩"我们都是大老虎"游戏，运用孩子熟悉的老虎角色，与孩子一起扮演老虎进餐。在活动和游戏的氛围中，逐步改善幼儿进餐状态。

"民以食为天"，良好饮食习惯的养成关系到幼儿身体的发育，也是每一名家长内心颇为担忧的事情，希望每个小朋友都能愉悦进餐，和"挑食"说拜拜！

点评

———

王素菊

民以食为天，童以食为本。家长非常关注孩子的饮食，但现实中常常无计可施。文章抓住了孩子吃饭时愁眉苦脸、紧张万分、顽强抵抗的特点，及家长威逼利诱、穷追不舍的"强势"，分析幼儿应该具有的健康进餐状态，从调节孩子的心理、心情入手，给家长出谋划策，帮助家长调整心态，通过美味食物和趣味活动改变家庭进餐状态，帮助幼儿从愿意进餐、乐意进餐到愉悦进餐，真正把进餐变成舌尖的享受、身心的愉悦，从而促成良好进餐习惯的养成。

2

新生入学，家长的
"功课"做好了吗

北京市东城区西总布小学

刘宇彤

　　每年的九月一日，学校都会迎来新一届的一年级学生。经过大约两个月的暑假，这一天，幼儿园大班的小朋友踏进了小学的大门。这也意味着他们开启了国家九年义务教育学校学习生活的新旅程。

　　从幼儿园进入小学，是儿童人生的一大转折。在小学生活中，儿童的角色发生了转变，从"小朋友"变为"小学生"。小学的学习方式与学习内容，与幼儿园有很大不同。学校规章制度、教学形式、教师风格等都发生变化。小学的作息时间与幼儿园相比，节奏非常紧凑，每节课延长至40分钟，早晨到校时间很严格……对于大多数一年级新生，他们的内心是充满喜悦和自豪的。他们会对小学生活有很多憧憬，会表现出兴奋、激动和主动性。但同时，当他们踏入陌生环境，面对新老师和新同学时也会产生焦虑和不安的情绪。角色的转变、家长的期望，无疑是对孩子的一场考验。作为家长，您需要和孩子一起共同面对这些变化，陪伴孩子平稳过渡幼小衔接这段关键时期，帮助孩子尽快、顺利地适应小学生活。

新生入学，家长需要帮助孩子一起做好三门功课：即心理准备、物质准备和习惯准备。

积极的心理、稳定的情绪是前提

孩子入学前，家长要向孩子多描述一些学校的生活，展现小学生活的美好。有时间最好带孩子到小学参观，让孩子对新环境提前了解，内心产生安全感。父母可以给孩子讲述学校的历史，描述丰富多彩的活动，激励孩子到学校去学习更多的知识，发展自己的兴趣爱好，交到很多好朋友，这样会使孩子对学校生活产生美好向往。孩子一定会做到每天高高兴兴来上学，不哭不闹，一天都能保持愉悦的心情学习。

孩子上学后，父母需要在孩子身上投入更多的时间和精力。父母两个人应该相互配合，共同承担教育孩子的责任。切不可一味地把孩子交给学校老师，或者推给老人看管。一定要忌讳的是，家长不要在孩子面前指责老师、同学，或者用老师来震慑孩子不听话的行为。例如："你不听话，我就让你们老师去管你"，这会使孩子对老师产生偏见、害怕、逆反等不良心理。实践证明，从小在父母身边长大、有良好亲子沟通的孩子心智更健康，安全感和幸福感也会伴随终生。

安静的学习环境、精心的物质准备是保障

家长要积极为孩子创造良好的学习条件和环境，尽可能从家庭现有条件出发，为孩子安排一个相对安静、独立的学习空间，一张专供孩子学习用的课桌。建议您把孩子生活区域划分布置出学习区、阅读区、娱乐区等，不要把学习用品和玩具混在一起，这有利于孩子的学习，使生活、娱乐更有条理性，在学习的时候能做到更加专心，免受其他事物的干扰。

家长还要精心准备好孩子上学所需的一切物品。小学一年级学生注意力集中时间很短，因此，家长在为孩子准备学习用具的时候，应该本着实用安全、方便简单的原则，不要选择多功能、多色彩、图案缤纷的学具，以免分散孩子的注意力。让孩子和您一起，在所有带到学校的物品上写上自己的名字（包括每一支笔、每一个笔帽、每一块橡皮等），教会孩子在集体生活中保管好自己的物品，如果丢失也可以很快找回来。

良好的品德和生活习惯，为孩子在小学阶段的学习奠定扎实基础

1. 培养孩子学会自理，帮助孩子建立"我能行"的信心

（1）孩子每天的作息时间要固定，避免总有变化。每天晚上9:00 前上床睡觉，保证 10 个小时的睡眠时间，每天连续用眼时间超过 30 分钟要休息。

（2）孩子要做到独立吃饭，不挑食，自己喝水，基本能坚持一

节课（40分钟）后再上厕所，学会便后冲水。

（3）孩子要学会写自己的名字和学校的名字，要知道家长的姓名、工作单位和家庭住址，并能记清父母的联系方式。

（4）孩子要学会整理、保管好自己的物品，会收拾书包，会将书本分类、放整齐，书包里的东西有固定的位置，井然有序。学会看课表，要养成每天按课表、记事本整理学习用具的好习惯。

（5）教会孩子学做简单的家务劳动（如擦桌子、扫地、收拾餐具等）。

2．培养孩子讲文明，有礼貌，爱老师，爱自己的学校

（1）教育孩子热爱学校，尊敬老师，听从老师的教导。

（2）教会孩子使用礼貌用语，见到家长、老师主动问好，会正确使用"您好""谢谢""对不起""没关系"等简单的礼貌用语。

（3）锻炼孩子大胆表达，主动与伙伴、老师交流。孩子说话声音要洪亮、完整，说话时看着对方的眼睛，学会认真倾听。

（4）告诉孩子，每个人都是集体的一员，要学会与同学友好交往，懂得互相谦让，懂得尊重别人。

（5）告诉孩子学校的物品都是公共财物，懂得爱护。

（6）教会孩子自我保护，叮嘱孩子注意校园安全，不在校园、教室内大声叫嚷、追跑。

各位家长朋友，孩子刚进入小学的这个阶段，是培养良好品德与学习习惯的黄金时期。一个孩子的未来，就是一个家庭的希

望。为了您孩子的小学之路走得更顺利、更扎实、更坚定，家长的"功课"就要先做足、做好！

点评

郝建新

从幼儿园的"小朋友"变成"小学生"，对于每一个学龄儿童来说都是值得骄傲的"大事情"。一年级是孩子正式步入学习生活的开始，这一步走得稳、走得扎实，今后的学习生活才会水到渠成。作为家长，要找准角色定位，用自己的努力赋予孩子成长的力量。本文中，刘老师从心理、物质和习惯准备三个方面为家长朋友们梳理了幼小衔接阶段应做好的三门功课，每一个看似微小、简单的行为背后都蕴含着深远的意义，都会为孩子的健康成长助力。

争做劳动小能手，告别 "小王子" "小公主"

史家教育集团（史家校区）

滕学蕾

"老师，孩子在家就知道玩，什么家务都不做，太懒了。"

"和朋友一起出去旅行，我发现别人家的孩子都能保管好自己的物品，从不遗失，她却经常丢三落四。"

"他的学习用品总是乱七八糟地摊在书桌上，该用的时候找不到。"

……

过度依赖大人、四体不勤、娇生惯养的"小王子""小公主"，欠缺的正是劳动能力。如何从小培养孩子的劳动能力，需要进行科学指导。

制定劳动清单

我们班有个叫翔翔的男生，每天一入校，就跟其他同学一样，把书本和物品放在位斗里。上了一节课后，他的作业本开始往外掉。课间准备下节课用具时，他不是找不到数学练习册，就是找不到语文听写本。值日班长每天中午例行抽查位斗，他总要拿出全部物品，重新一一放好。下午快放学时，他位斗里的各种物品又乱作一团，他就一股脑儿地往书包里塞，经常有书本掉落在地上。在与妈妈沟通后，我了解到，翔翔在家的一切都是妈妈"包办"：削铅笔、准备文具、整理作业、收拾书包……为了节省时间，手脚麻利的妈妈主动代劳。经过长期观察，我发现像翔翔这样的孩子都有一个"完美家长"，希望孩子做什么都能一步到位。久而久之，由于长期缺乏动手实践，孩子便会处于不知所措的困境之中。

其实，劳动技能和其他技能一样，也是需要逐步训练的。作为家长和老师，我们要引导孩子学会劳动。我们知道，孩子不仅是学校里的学生，也是自己未来生活的小主人，更是家庭不可或缺的一分子。因此，我们可以针对孩子的年龄特点，从学习、生活、家庭三个方面着手，制定劳动清单。

年级	学习方面	生活方面	家庭方面
一年级	整理书包 削铅笔 准备文具 自己背书包上下学	学洗袜子、红领巾 会叠衣服 会用扫帚扫地 饭前盛饭、摆碗筷 饭后收拾桌子	给花浇水 给垃圾分类 给长辈倒水 给父母提东西
二年级	整理书桌 学擦桌椅 会开关门窗	学习系鞋带、打绳结 会叠被子、整理床铺 会用拖把拖地	定期修剪植物 给长辈捶背 帮父母择菜、洗菜

（续）

年级	学习方面	生活方面	家庭方面
三年级	学习整理书架，做到散书归架 坚持整理桌面，擦拭桌椅	手洗简单衣物 会洗鞋子 会用水果刀削皮 会打死结、蝴蝶结等	学习花草养护技巧 给长辈洗头 给父母洗脚
四年级	学习归类整理书架，做到书籍归类摆放	会用针线缝扣子 整理衣橱衣物 学习包装礼物 用洗衣机洗大件衣服	养护一种植物并做记录 帮父母大扫除 和父母一起准备食材
五年级	坚持每天整理书桌、书架	会自己梳头（女生） 整理换季衣物 学会制作凉拌菜 每周清理灶台、冰箱	养护花草并定期整理 给长辈泡茶 帮父母打扫卫生间 热情招待客人
六年级	养成每天归类整理书桌、书架的习惯，并保持整洁	自己换洗床单、被罩 学会擦净玻璃 学会炒菜、煲粥	帮家人采购物品 拟定家庭出游计划 自行组织跳蚤市场

有了这样的劳动清单，家长就可以和老师一起做好配合，家校协同，锻炼孩子多方面的劳动能力。

把握劳动要领

清楚了孩子在每个年级该做的事情，我们还要视不同孩子的能力范围提出其他要求，让孩子做力所能及的事情，既不要怕累着孩子，也不要怕孩子干不好。在让孩子劳动时，注意以下几点：

1. 安全第一，避免危险

小学阶段的孩子，生理和心理发展水平有时不能同步，经常心到手不到。在劳动的时候，我们要指导孩子注意安全，提供有效的防护措施，尤其是使用刀具或其他存在一定安全隐患的工具时，要协助操作，以防意外发生。

2．坚持不懈，反复训练

劳动有难有易，开始的时候，我们可以先做示范，然后在一旁协助孩子，慢慢教会孩子独立完成。如果效果不理想，一定不要轻易放弃。我们要认真帮助孩子找出问题，教会孩子方法，再让孩子重新做，直至学会为止。

3．不吝赞美，及时鼓励

不管是拿着扫把扫地，还是自己洗衣服，只要孩子进行了劳动，我们都要在第一时间给予肯定，比如：家长在得知孩子洗了碗后，可以面带微笑称赞："哇，这碗是谁洗的呀，这么干净！"这样的鼓励会使孩子在劳动中获得自信，体会到劳动的快乐。

除了在家里劳动，家长还可以带着孩子走出去，跟随社区参加一些力所能及的公益活动，如春天植树、夏天灭蚊蝇、秋天除草、冬天扫雪等，既锻炼孩子的劳动能力，又塑造孩子的劳动品格。

正视劳动价值

劳动是孩子和谐全面发展必不可少的一环，是促进孩子身心健康发展的重要条件。因此，我们要从一点一滴做起，让孩子养成热爱劳动的良好习惯。当孩子学会自己照顾自己并能为他人付出时，他的内心会洋溢着自豪，会感到生活的美好和做人的尊严，更能体会到帮助别人的快乐。

劳动是孩子学习和生活的必修课。我们要真正帮助孩子提高劳动技能，使他们树立劳动光荣的观念，懂得劳动对人生的重要作用。只有这样，他们才能及早摆脱对大人的过度依赖，在实践中争做劳动小能手，告别四体不勤、娇生惯养的"小王子""小公主"，成长为对集体、对社会有用的人。

点评

宋菁

劳动能力欠缺的现象在当今青少年中还是比较普遍的，这不仅困扰着家长，也受到广大老师的关注。孩子每天处于"小王子""小公主"的待遇中，缺失了劳动锻炼，自然就无法掌握一些劳动技能。因此，劳动能力差也是在所难免。树立劳动意识、培养劳动能力，老师们在日常教育中一直不遗余力。通过自己多年的教育经历，滕学蕾老师与家长们分享了如何制定劳动清单，让一项项训练循序渐进；如何明确劳动要求，做到心中有数；以及怎样树立劳动价值观，从自己身边一点一滴做起。家长们如果能将这些实践经验应用于家庭教育中并坚持不懈，一定能够提升孩子的劳动意识和劳动技能，为他们今后更好地服务社会奠定基础。

4

一年级新生劳动习惯养成小秘诀

史家教育集团（史家校区）

张蕊

　　一年级是培养孩子各项行为习惯的重要时期。为了帮助孩子顺利地渡过幼小衔接，学校和家庭都要注重引导和培养孩子形成良好的行为习惯。

　　新入学的孩子年龄小、动手能力弱，一些基本的班级劳动都需要老师来完成。在开学第一周的一个午休时间，我正准备换垃圾袋，于是随口问道："哪位同学会换垃圾袋？"本以为这件简单的劳动任务会得到孩子们的积极响应，没想到只有寥寥几个同学举起了手。我叫了一名似乎很有自信的同学给大家示范，结果拿起垃圾袋的他却连垃圾袋从哪个方向打开都不清楚。仔细询问后，原来这位同学之前没有并换过垃圾袋，只是看家里大人做过觉得应该很容易，就想试一试。

　　"小小的垃圾袋"事件引发了我的思考，看似如此简单的事情怎么难倒了班里这么多孩子？究其背后的原因，主要有两点。一方面，随着家庭物质条件的提升，一些孩子家中有阿姨、保姆，日常的家务劳动根本无须孩子动手。此外，很多家长过于溺爱孩子，凡事都由家长一手包办，孩子们接触到做家务的机会更是少之又少；另一方面，大部分孩子放学后疲于各种课外班，也没有时间参与家务劳动，正是因为很少得到锻炼，这些最简单的劳动技能对孩子们来说就成为问题和困难。

一年级是孩子养成习惯的关键时期，家庭是人生的第一课堂，而劳动教育更要从小培养。缺乏日常的劳动技能，没有养成良好的劳动习惯，都对孩子的未来成长十分不利。劳动教育既是孩子今后生活的技能，也是孩子未来生存和发展的需要。家校之间要共同合作，帮助孩子树立正确的劳动观念，养成良好的劳动习惯。

如何帮助孩子在家庭中树立劳动观念、养成良好的劳动习惯呢？建议从以下几个方面入手。

树立观念，让孩子认识劳动

劳动教育要从小抓起，首先要在家庭中培养孩子的劳动意识，帮助孩子树立"劳动光荣"的观念，使他们在家庭劳动的潜移默化中增长才智，形成良好的意志品质。在当下的家庭教育中，不少家长对劳动教育的理解存在着很大的误区。家长们往往认为学业成绩、课外活动对孩子的发展更为重要，在家庭中进行劳动教育会影响孩子的学业和身体发育。然而，新时代要求我们培养的是有道德、有理想、有能力的德智体美劳全面发展的接班人。因此，家长要改变"唯分数"看发展的传统观念，要纠正溺爱孩子、娇惯孩子的思想，引导孩子积极参加日常的家务劳动。

其次，家长要教育孩子尊重别人的劳动成果，尊重每一位劳动者。让孩子多了解社会上平凡劳动者们的事迹。如，环卫工人在冰天雪地里不辞辛苦地工作；外卖员、快递员在深夜为千家万户派送；疫情期间众多医护人员奋不顾身地奔赴抗疫前线……通过榜样力量，让孩子切实感受到没有这些劳动者，就没有现在安定幸福的生活，进一步提升孩子尊重劳动者的意识，激发孩子的劳动热情。

敢于放手，让孩子学会劳动

随着物质生活条件的逐步提升，孩子们很少有机会参与过多的体力劳动，同时家长们也担心在劳动中孩子受累、受伤。然而，家庭劳动教育是孩子参加家务劳动的一种实践活动，家务劳动不仅可以锻炼孩子的身体素质，也可以锻炼孩子的意志品质。因此，家长要多放手，让孩子完成一些力所能及的劳动。例如在上小学前，让孩子学会擦桌子、倒垃圾、洗碗等简单的家务劳动。进入一年级以后，锻炼孩子套垃圾袋、叠衣服、拖地、整理自己的物品等。经过一段时间的培养以后，再树立"自己的事情自己做"这样的劳动观念，让孩子减少对家长的依赖。逐步培养孩子能够自己洗小件衣物，自己安排日常学习任务，提升自我管理的能力。同时，家长可以提供给孩子选择的机会，家长在孩子进行劳动前可以询问孩子的意愿，比如："你今天想做哪项家务""你今天想几点钟整理房间"等等。孩子感受到被尊重，同时也会提高积极性。

此外，家长也要做好示范，为孩子树立正确的榜样，在家中与孩子共同进行劳动。还可以带孩子参与一些公益劳动、志愿服务活动。在社会劳动中收获劳动带给孩子的责任感与成就感，让孩子感受到劳动最光荣，树立孩子的自信心。孩子们在劳动中不仅体会到了父母的辛苦，也逐步养成了爱劳动的好习惯。

家校合作，让孩子热爱劳动

为了让孩子养成良好的劳动习惯，孩子步入小学后，就会开始接受学校的劳动教育。这时，只有家校合作——家长支持学校的劳动教育，学校鼓励孩子在家劳动——才能形成合力，助力孩子劳动习惯的培养，让孩子真正爱上劳动。

在学校，老师布置了家庭劳动任务，家长可以积极鼓励并指导。此外，随着网络通信技术的发展，家长之间的信息传递也十分便捷。家长可以把孩子在家劳动的过程，以小视频或者拍照的形式记录下来，并分享到家长圈或班级群里，孩子之间互相监督、鼓励，也有助于班级形成热爱劳动的风气，由此来激发孩子的劳动兴趣，让孩子真正地爱上劳动。

综上，劳动教育有助于促进孩子形成正确的世界观、人生观、价值观，一年级孩子正处于树立劳动意识、培养劳动习惯的关键时期。只有家校共育，才能一起努力帮助孩子养成良好的劳动习惯，让孩子从小树立"劳动光荣"的信念，使孩子懂得生活的艰辛，从小就萌发劳动自立的思想，逐步提高独立生活的能力。

点评

吴丽梅

随着科技进步、人民生活水平的提高，家务劳动在生活中似乎有淡化的趋势。但是，劳动不仅仅是减轻父母家务的负担，更是对孩子未来生活技能的培养。孩子的责任心、独立自主的意识、克服困难的勇气、心理安全感都能在劳动中逐步养成。正如张老师所说，希望家长们能够重视劳动对孩子成长的重要意义，让孩子从"自己的事情自己做"开始，逐步养成劳动意识和劳动习惯。

5

家有"邋遢大王"，
怎么办

北京市东城区西中街小学

李伟

"老师，他又把垃圾扔得到处都是！"

"老师，能不能给我调换一下座位？我不想挨着他。他不讲卫生。"

"老师，他的脏手绢掉到水杯里了，他还把水又喝了！"

"老师，他把球鞋脱了，光着脚踩在地上，他还笑。"

如果您听到同学这么评价你的孩子的时候，您会做何感想？这些都是真实发生在学校的事例。行为习惯差、邋遢的孩子上学后有几大表现，书包永远是空的，位子周围永远是满的，所有书本用具散落一地，桌面上水壶、擦手巾、鼻涕纸、铅笔橡皮等一览无余，地上狼藉一片。秋冬季节，孩子特别容易感冒流鼻涕，如果再犯了鼻炎，那么他的周围更是让人不忍直视。不夸张地说，每次你不经意间看他，他都在流鼻涕，或者在用袖子擦鼻涕，更有甚者在用舌头舔鼻涕，不拘小节。这样的孩子在学校很难交到朋友，同时也缺乏在集体中的自信心与被认同感，久而久之，同学对他有意见，他自己也会十分难为情，甚至感到痛苦。造成孩子邋遢的原因是什么？您是否反思过，难道只是孩子个人的问题吗？

其实，这些孩子的智商与其他人无太大差异，但是他们的行为习惯差、自理能力弱，背后的原因往往是家长包办代替过多。现在的家庭"一孩多仆"，从祖辈到父辈对他们疼爱有加，孩子绝对是家里的小皇帝、小公主，衣来伸手、饭来张口，家长事事迁就、毫无底线，从而造成了孩子体格十分健壮、能力却已退化、心智十分幼稚的尴尬局面。

如果您的孩子也如文中所说，那么他今后的学习生活会成什么样？孩子小，掌中宝，孩子大，愁白发。随着年龄的增长，以后你再教育他的时候，您是否会手足无措，不知从何下手？

究其原因，这样的孩子一般都缺乏应有的家庭教育，从而产生了一系列问题。如果不及时纠正，最终导致的就是"高分低能"，或者将来产生各种各样的心理问题，如自卑、自闭、孤独、放纵、厌学等。

文中的孩子就是因为缺乏家庭教育而产生了一系列问题，情况分析：一是一家人只围着这一个孩子，对他的关注太多了。二是孩子缺少独立的成长空间，更谈不上培养自主的能力。三是缺少正确的"标杆"指引，没有足够的能力处理人际关系上存在的种种问题。四是他们往往以自我为中心，从不考虑其他人的感受，对周围的事和物存在质疑、抗拒，拒绝老师和同学的关心和帮助，我行我素，总觉得别人在与他作对，喜欢恶作剧，与他人发生争吵时总是责备别人。五是这样的行为导致他缺少朋友，没有交流也就不知道如何正确处理问题。

虽然学校有老师可以帮助纠正孩子的行为习惯，但是家长是孩子的第一任老师，只有家校共育才能切实帮助孩子成长。那么，如何通过家校共育培养孩子独立做事的能力呢？

1. 心理建设，提高自己及孩子关于健康心理的认知

经常性地参加校内外开展的心理健康教育课或举办的心理健康教育讲座，首先从自身发现教育问题，梳理好自己的认知才能更好地帮助孩子认识到健康的心理成长对他们的重要性。

2. 查摆问题，与家人达成共识

家庭成员间达成共识，父母在教育孩子的时候，祖辈不要插手。要让孩子明显地察觉到祖辈不是靠山。

3. 明确责任，为孩子树立信心

在生活、学习上提出明确要求，由易到难，任务分层次，尽可能让孩子自己完成。实在无法独立完成时，家长可以伸出援手，但要适可而止，给予他足够的成就感。

4. 克服偏见，让孩子勇敢走出去

家长要有勇气承认自己的孩子有这样或者那样的问题，不要回

避，以理解和尊重孩子为前提，鼓励他去交朋友，从而满足这个年龄段的心理需求。

5．留出空间，允许孩子独立思考

家长应给孩子留出自己独立的空间，让他有自己的天地，能够独立思考，会想方设法地布置自己的"方舟"。

6．走近孩子，多做情感交流

家长要走近孩子，走进他的情感世界，最有效的方法就是跟他面对面、心连心，做好一名倾听者和建议者，而不是发号施令的控制者。

7．积极引导，及时肯定

不吝惜表扬孩子，发掘孩子身上的闪光点，哪怕一点点的进步，都要做到及时鼓励和肯定，让他获得自我认同感，收获满足感与成就感，进而激发上进心。

8．多方合作，家校社协同发展

加强与学校、社会的沟通和探讨，与学校的教育相统一，不在孩子面前质疑学校的各项要求。

孩子是祖国未来的栋梁，是民族复兴的根基，是国家繁荣的希望，要培养全面发展的高素质人才，就要树立家校统一的教育观念，做到家校共育，营造广阔的教育空间，对孩子该放手时要放手，尤其要注意培养孩子的劳动能力与劳动习惯。

点评

———

赵辉

每个家长都希望自己的孩子优秀，但孩子的身心正处在发展的过程中，出现问题很正常。作为家长，如果孩子出现问题，我们应先反思自己身上有没有类似的问题。孩子是家长的一面镜子，这面"镜子"高度清晰地还原了原生家庭的状况。孩子的问题一定有出处，家庭潜移默化的影响很有可能已经在孩子心中根深蒂固，所以不要轻易埋怨孩子，而应该做孩子的榜样，鼓励孩子在家做力所能及的事，培养自理能力，助力其健康成长。

6

孩子输不起，
怎么办

北京市东城区大方家回民幼儿园

杨莹

"你不是第一，我才是第一名！"

"都赖你，要不是你，我们组就是第一名了！"

"我妈妈说了，我才是咱们班最聪明的孩子，你们都不如我！"

……幼儿园里经常出现这样的场景。面对孩子好胜心强、输不起的现象，家长很是苦恼。

什么原因导致了孩子"输不起"？

1. 习惯听表扬

父母平时对孩子赞不绝口，很少批评。孩子总是沉浸在表扬声中，认为自己趋近完美，不会犯错，但遇到挫折时就表现为输不起。

浩浩是班里一个能干的小男孩，各方面都很出色，也很少受到老师和家长的批评，这种优越感让他受不了任何批评和打击。表演课上，当其他小朋友表演时，浩浩在一边哈哈大笑："他演的什么呀，太好笑了，还不如我呢。"然而，当浩浩自己表演后，其他小朋友也说道："你演的也不好呀，干吗笑话别人！"这时，一向听惯表扬的浩浩大哭了起来。

2. 自理能力差，挫折体验强烈

孩子在锻炼生活自理的过程中，需要拥有从失败到成功的体验，而父母太过于保护孩子，什么都替代孩子去做，看不得孩子受挫折。结果孩子顺风顺水惯了，稍微遇到点状况，便会受不了打击。

班中有个被称为"行动困难户"的小朋友文文，每天听到他说的最多的话就是"老师，你帮我穿一下衣服""老师，你帮我拿书包""老师，这个我不会做，你帮我做"……

经过和家长的沟通了解到，在家里无论什么事情，家长都会帮助他完成，导致了孩子过于依赖成人，当有些事情自己无法完成时，孩子就会备受打击，又哭又闹，这也让家长很是苦恼。

3. 父母只看重结果

很多家长只看重最后的结果，做得好就表扬奖励，表现不好就责骂，导致孩子会忽视过程，片面地追求结果成功，对失败产生恐惧，这也会导致幼儿产生输不起的心理。

4．家长故意输给孩子

家长在和孩子一起游戏时，常常会有故意输给孩子的情况。故意输给孩子的出发点是好的，但是一味地让着孩子只会助长他"我最厉害"的思想，使得效果适得其反。

爸爸和大圣比赛下棋，赢棋的时候，大圣就上蹿下跳，整个人得意扬扬的，然而当他输了的时候，就开始要赖推翻棋盘说："不算不算，重新来。"若是大人不依着他，他就会又哭又闹。接下来的比赛，爸爸一直在让着大圣，这才平复了他的情绪。

5．习惯充当赢家

家长经常把"第一名""赢了""胜利了"作为评判孩子的标准，久而久之，让孩子养成唯我独尊"小霸王"的脾气。

"小霸王"胖胖每次活动前兴致都很高，大喊："我们组一定会拿第一！"若是拿到了第一名，胖胖就会骄傲地告诉别人："瞧你们组就是不如我们。"若是输了可就糟糕了，"小霸王"的脾气一下就上来了，指着组里出现失误的小朋友大喊："都赖你！要不是你，我们组就是第一名！"轻则闹一闹，重则动手拉扯别人，这让班里的小朋友都十分怕他，不愿意和他分到一组。

6．盲目与别人的孩子比较

家长常说"你看小明画画得了第一名""邻居家的可可都认识两百个汉字了"……这样容易让孩子产生自卑心理，抗挫能力变差。

如何改变孩子这种现象呢？

只要家长引导得当，是可以做到将孩子的负面情绪转化为正面向上的动力，以此来对抗失败带来的挫折感的。

1．尊重幼儿

面对这种情况，首先家长要学会尊重幼儿的个体差异，学会倾听幼儿、理解幼儿、尊重幼儿的见解，和幼儿平等交流，而不是一味地夸奖。

2．帮助孩子梳理情绪

利用"共情"让孩子知道你是理解他的，哪怕失败了也会陪着他，让他将失败看作另一种情感体验。遇到孩子不能完成的事情，也可以和孩子一起商量解决方法，和孩子认真地总结一下：问题出在哪里，下一次遇到这样的问题时，应当如何解决。

3．过程比结果重要

要让孩子明白，衡量成功与失败的关键不是结果，过程才是最重要的，能够耐心地坚持做完一件事情，这便是最大的收获了，即使最终没有成功，也不代表付出的努力就白费了。

4．孩子的成长需要挫折的历练

放手让孩子做力所能及的家务活动，锻炼他们的生活自理能力，给孩子失败、尝试再成功的体验，当孩子受挫时，父母先不要心疼，要帮助孩子反思失败的原因，一起想办法去弥补损失，学会用正确的心态面对输赢，增强抗挫折能力。

5．引导孩子正确认识和其他孩子的关系

学会欣赏别人，发现别人努力的地方。好胜心过强的孩子很容易失去朋友，因为在他们眼里，周围所有人都有可能是自己的"敌人"。家长应该告诉孩子，竞争并不一定要争得"第一"，这只不过是一种让人进步的方式，出发点其实是让大家共同进步。

6．家长的态度很重要

不要以"第一名""最好"来评价幼儿，家长要淡化得失，适当调节幼儿心态，多站在幼儿的角度思考问题。

孩子的好胜心太强，与父母平时的教育息息相关。家长面对此类情况时，应给出正确的引导，积极地和老师配合，共同帮助孩子找到适合的解决方法，正确面对挫折和失败，不做输不起的"常胜小将军"。

点评

张萍

俞敏洪曾说："你有受挫折的能力，一步一步往前走的话，你就会走到你自己都意想不到的高度。"现代家庭独生子女占大多数，孩子在"众人瞩目"的家庭环境中成长，长期生活在父母的羽翼之下，容易变得缺乏自主和抗挫折能力。我们要清楚一点，虽然我们无法永远保护孩子，但能做的是：在他们成长的道路上，教他们面对挫折应该怎样做，怎样学会坚强，怎样更加自信。孩子在磨炼中日益羽翼丰满，成年后，他们才有寻找幸福的能力，在将来竞争激烈的社会中，才会飞得更高更远。

孩子爱撒谎，
怎么办

北京市东城区西中街小学

徐硕

在我的班级中就有一个"爱撒谎"的女孩，虽然是低年级学生，但她的很多想法却很"成人化"。因不想上课外班，会频频向妈妈撒谎，向老师撒谎，并且能做到面不改色心不跳，这种"撒谎"行为也仿佛渐渐成了她的习惯。

谈到孩子爱撒谎的问题，相信很多父母都深有感触，也特别生气和苦恼。有时当我们给孩子指出来之后，他非但不承认错误，还认为自己是正确的。遇到这样的事情，很多家长都会大发雷霆，对孩子感到很失望，然后严厉地批评、指责孩子，并凶巴巴地教训孩子："这件事做错了没关系，下次改就好了，但你说谎就是原则问题，不能宽恕！"然而每当我们这样处理问题时，却发现效果并不明显。

身为家长，应该如何与老师合作，才能更好地避免孩子养成说谎的习惯呢？今天，就让我们从以下这两方面来看一看。

首先要做的就是，了解孩子爱撒谎的原因。

原因分为两方面，一方面源于孩子，另一方面源于我们自己。像害怕惩罚、逃避责任、想要获取关注等原因，相信大家已经知道了。但还有一些原因可能我们并不太了解。例如，孩子认知发展水平的特征表现等。低年级学生的心理发展不成熟，他们的想象具有夸张性的特点，具体表现在容易混淆假象与现实，再加上孩子记忆不精确，表达能力有限，就会出现类似"说谎"的情况。再有就是低年级学生自我意识开始萌芽，自尊心逐渐增强，亟须建立一个积极正向的自我。但由于儿童的自我评价独立性较差，对自己的认识还更多依赖于成人的评价，所以他们非常渴望获得成人的积极肯定，并借此形成积极的自我形象。而当他们很少得到周围成人的积极评价时，心理需求难以得到满足，就可能通过"撒谎"来获得这种肯定，所以我们不能简单地为孩子贴上"说谎精"的标签。

了解了孩子撒谎的原因，我们也找找自己存在的问题。我们的愤怒与烦恼也暴露了自身的教育局限性。例如，对孩子要求过于严格，在孩子犯错后习惯性地发脾气、批评、惩罚、指责，甚至是打骂孩子，导致孩子压力过大从而以撒谎来逃避责任。在发现孩子频频撒谎时，我们更是急躁起来，并表现出对孩子的失望，进而更加严厉地指责、批评"你怎么小小年纪学会撒谎了？谁教你撒谎的？""你到底哪句话是真，哪句话是假？我们不能相信你了……"等等。长此以往，孩子听不到积极的评价，感受不到家长和老师对自己的理解和关爱，他们对自己也失望透顶，为了不让家长、老师再次失望，他们只能继续选择撒谎。而有些家长答应孩子的事情自己却做不到，或在孩子面前有撒谎行为，也使得孩子不信任家长。

其次要做的是，在找准原因的基础上做出改变。

面对孩子撒谎时，我们可以这样做：

第一，自我觉察，先行调整情绪。觉察自己在面对孩子撒谎时的情绪，是愤怒、失望，还是什么？想一想这情绪的来源。当孩子撒谎时，我们能否先发现并调整自己的消极情绪和急躁状态，不对孩子一再追问，而是给孩子"选择诚实"的空间，让自己和孩子的情绪处于平静状态，这样孩子才能感受到我们对他的尊重和关爱。

第二，主动沟通，帮助澄清现实。对于低年级孩子来说，有时撒谎并非有意，可能是没记清楚，也可能是现实与想象相混淆。如果是这样，我们可以和孩子主动沟通当时的情况，耐心地了解事实，发现事情的矛盾后，指出孩子的问题，并温和地帮助他澄清现实。

第三，及时鼓励，强化正向行为。作为成年人，我们要尽可能鼓励孩子自己说出真实的想法。如果孩子习惯性说谎，就先告诉孩子你知道他在说谎，然后请他认真思考，再给出一个合理的解释。很多孩子在说谎前根本就没想过他们还能说点别的理由。因此，我们可以先发制人："我知道，如果我问你，你肯定不想对我说实话。不过，我希望你能给我一个更好的说法，好吗？"然后向孩子提出相关问题。这样做，可以给孩子时间来决定是张口说谎呢，还是说些其他的？从而避免我们与孩子之间激烈的相互争执，也给了孩子改正错误的机会。如果他改正了，我们一定要积极、及时地鼓励和表扬孩子，强化他这种诚实的行为，这样当孩子再遇到类似的事情时，就不会因为害怕被指责而不敢承认错误了。

第四，以身作则，培养良好品质。很多时候孩子听不进去太多的大道理，他们会看父母的言行。想要孩子诚信，家长首先要以身作则，确保自己在孩子心中的信任感，食言并不是小事，你对自己谎言的态度，也决定了孩子对谎言的态度。我们要用温和、正确的方式给孩子树立道德榜样，通过生活点滴、绘本故事、趣味游戏等方式传递正确的价值观、荣辱观，进而帮助孩子形成良好的道德品质，培养孩子不说谎的好习惯。

除此之外，建议家长在平时要给予孩子积极、足够的关注，为孩子创设温暖的家庭氛围，并提供自主发展的空间。同时，还要对孩子保持平等尊重的态度，这样他们就会觉得说出真相并没那么可怕，从而愿意主动和家长、老师沟通，以客观平和的态度共同协商，共同解决问题。当孩子发现父母和老师对自己有充分的理解、尊重和支持，无论自己做什么，我们都爱着他时，孩子自然也就没有了说谎的动机。所以，为孩子创造"选择诚实"的空间，而不是执着于"证明谎言"，这才是我们最值得学习的教育艺术。

让我们用包容和爱陪伴孩子成长，将爱进行到底，相信他们会发现生活中的美好和幸福，拥有精彩的人生！

点评

———

李云飞

诚实守信是做人的原则，也是彼此信任的保障。父母要帮助孩子养成诚实守信的习惯。第一，家长要以身作则，不要因为自身的做法不当而强化孩子说谎的行为。家长如果比较强势，孩子往往就会因为怕受到批评而不自觉地养成说谎的习惯。第二，家长要关注孩子说谎背后的原因，控制好自己的情绪后做到耐心倾听，给予孩子足够的信任，才能收获孩子的坦诚相见。第三，家长要学会采用正强化的教育策略引导孩子成为自信的阳光少年。

8

爱上运动，
健康成长

史家教育集团（史家校区）
杨倩

当今社会、学校和家庭对青少年儿童的身体健康成长发育越来越关注，因缺乏必要的体育锻炼，校园里的"小胖墩"和"小眼镜"也越来越多，小学生体能素质逐年下降，近视趋向低龄化，因此也导致了孩子的学习习惯、专注力、意志力等多方面有所下降。

当孩子拿着一部手机就可以一天不挪窝时，当孩子陷入不爱运动越来越胖、越来越胖就更不爱运动的恶性循环里时，很多家长不论怎样威逼利诱都无济于事，甚至有些家长就算把孩子送到运动培训班，孩子也只能保持"三分钟热度"，对此很多家长们会问："孩子不爱运动，怎么办？"

小鹤是个聪明热心的孩子，学习成绩也一直很稳定。但是体育成绩一直不太好，甚至有些项目不达标。而且他不愿意付出努力去反复练习，来提高自己的体育成绩。经过与孩子父母的沟通，发现孩子的父母也特别发愁。经了解，小鹤从小由老人带大，老人怕孩子磕碰很少带孩子外出活动。因此，小鹤从小爱看电视，不太爱运动，小时候出去玩，经常是走不了一会儿，就闹着让大人抱着走。在遇到问题时，老人也会第一时间帮助孩子解决困难。

像小鹤这样的孩子在当今的校园中越来越多，很多家长在孩子幼儿阶段对孩子运动能力的培养关注不够，尤其是老人带孩子时，认为孩子小，能做的事情也少，心疼孩子，怕孩子受累，所以总会替孩子包办很多事情。为了让孩子安静听话，给孩子电子设备，结果电子设备的过度使用也造成了很多孩子越来越懒惰，不爱动，对运动失去兴趣。

如何让孩子建立科学合理的运动习惯，家长朋友们可以从以下几个方面进行引导和培养。

亲子陪伴，培养运动兴趣

古语有云"养其习于童蒙"。儿童时期培养习惯是有事半功倍的效果。小学年龄阶段的孩子天性就是特别喜爱身体活动。因此，积极引导小学生经常参加体育活动，既符合他们的需要，也容易养成他们的体育习惯。培养孩子锻炼的意识、技能和习惯，使他们养成终身运动习惯，这不仅对孩子的身体健康有益，还能够使孩子从体育锻炼中获得自信心，提升孩子的受挫能力。

在日常家庭生活中，要让孩子广泛涉猎符合孩子年龄特征的体育运动项目。每个孩子的性格特点和身体素质不同，家长可以结合孩子的自身情况，帮助孩子尝试各种体育项目，从中发现孩子擅长和喜欢的运动。一旦孩子们感受到运动的乐趣和益处，自然就会养成运动的习惯。

有些孩子天生比较喜欢静，本身对运动兴趣不高，这往往与孩子的气质类型有关。这类孩子往往遇事胆怯，不敢尝试。作为家长，要陪伴孩子一起寻找合适的运动，给孩子做示范。鼓励孩子，给他自信，让他有勇气尝试，当孩子自己克服了一个困难之后，他内心是有成就感的，渐渐地，会更有勇气尝试其他的运动项目。

规划日常生活，巧妙增加活动量

培养运动习惯，全家齐上阵。平日里，要充分利用小区里各种锻炼器械。周末放假的时候，爬山、远足是最好的休闲运动。对于功课太紧无暇运动或性格比较文静内向的孩子，家长可以通过改变一些日常生活习惯，巧妙地影响和引导孩子。比如，上学方式可以选取步行或骑车；周末做好计划，全家出去登山，去公园踏青；孩子们晚上做功课时，适当"中途休息"，带孩子到楼下散散步，这样不仅达到运动的目的，还可以换换脑子，提高学习效率；也可以借助一些体育赛事，例如奥运会、世界杯等，引导孩子感受体育的魅力，并且鼓励孩子亲自挑战尝试一下感兴趣的运动项目。

科学运动，持之以恒

针对孩子身体发育的特点，可以让孩子尝试进行跳绳、跳皮筋、拍皮球、踢足球、打篮球、游泳等体育运动，这些项目既有助于增长孩子的身高，又不会伤害身体。在科学运动的基础上，根据孩子的能力、生活习惯、生活环境等，制订适当可行的运动计划。根据孩子的身体条件和实际情况，设立一个合理的目标，由简单到复杂，然后依据身体能力的评估结果，不断调整运动短期目标，以便维持运动计划的长期开展，最终养成运动习惯。

团体运动，培养体育精神

小学阶段的孩子在集体生活中，不仅能够汲取知识，收获学习的快乐，一些丰富多彩的团体运动更是孩子们成长道路上必不可少的经历。例如，可以让孩子适当参与一些团体运动。比如篮球、足球这类运动项目，不仅可以锻炼孩子的身体素质，同时也能够培养孩子的团队合作意识以及正确面对比赛结果的平常心。有了伙伴的陪伴和集体的荣誉感，孩子更加能够全身心地投入到运动中。体育锻炼不仅让孩子收获了健康的体魄，同时也收获了一种持之以恒的体育精神，孩子们不怕失败，在一次次失败中成长。我想这就是体育锻炼的意义。

运动对孩子和家长都有好处。从现在做起，在学校的指导和家庭的配合下，将体育运动作为教育的重要内容，融入日常家庭生活，从小培养孩子养成良好的运动习惯，这会让孩子终身受益。

点评

王晔

体育能够使人的生命更有保障，体育能够使人的生命更有质量，体育能够使人的生命更有意义；体育教育能够培养孩子吃苦耐劳、顽强拼搏、勇于担当的体育精神，让他们能更有精力、有勇气和有责任感地为国家做贡献，并充分感受到更有意义和价值的人生。如果"小胖墩"和"小眼镜"越来越多，势必会影响孩子的身心健康。本文呼吁家长关注及培养孩子的体育习惯，关注孩子的身心健康和全面发展，为孩子今后走向社会、享受健康和充实的人生打好基础。

9 养成良好的学习习惯

史家教育集团（史家校区）

陈燕卿

班上有这样一个孩子，从日常跟他的沟通交流以及平时的课堂反应情况来看，他绝对称得上是一个很聪明的孩子，思维敏捷，接受新知识的能力也很强。但是这个孩子每次做单元练习的结果都很不理想，学习成绩总是不尽如人意。

仔细观察不难发现，这个孩子缺乏良好的学习习惯。他平时经常忘带学具、作业本；对于老师布置的学习任务，比如预习、复习、改错等，也总是完成得马马虎虎；课堂上，他习惯走神，注意力不集中。

跟孩子的妈妈沟通发现，原来这个孩子的父母平时工作非常忙，从小到大几乎都是由爷爷奶奶带大的，两位老人对孩子十分呵护与溺爱。

教育家叶圣陶先生曾说过："积千累万，不如养个好习惯。"习惯的力量是巨大的。良好的习惯可以使人终身受益。孩子的成长离不开各种好习惯，学习习惯便是其中之一。良好的学习习惯是一个人学习的必要前提，有了好的学习习惯，学习起来会事半功倍，轻松自如。上文提到的这个孩子，正是由于缺乏良好的学习习惯从而导致学习成绩受到极大的影响。因此，对于这个孩子来说，养成良好的学习习惯迫在眉睫。

那么，小学生应该培养哪些学习习惯呢？

我认为可以分为课前学习习惯、课上学习习惯和课后学习习惯三方面。下面我就结合自己的实践经验，具体谈谈如何培养小学生以上三方面的学习好习惯。

课前学习习惯

预习是课前学习的重要环节，它不仅可以为之后的课上学习做必要的准备和铺垫，也是养成孩子自主学习的重要手段，是学习的一个重要部分。上面提到的这个孩子，虽然聪明，但经常不按要求完成预习任务，没能把预习工作落实到位，以致经常在课上出现跟不上进度的情况。

那么，小学生应该养成怎样的课前预习习惯呢？

我认为，首先要树立预习意识，制定具体可行的预习目标。预习不能流于形式，养成良好的预习习惯，要先从思想上重视预习。另外，要掌握正确的预习方法，既不能预习过粗，流于形式，也不能预习过细，影响课上听课效果。一般情况下，应适度预习：重温相关知识，扫除听课障碍；大致了解新课内容；找出课上需要解决和深入探究的问题。总之，预习的目的是为了给新课的学习做铺垫，培养自学能力，而非用预习代替新课的学习。

家长可以在预习之前带着孩子一起制定本次的预习目标，在孩子能够大致了解新课内容的基础上，帮助孩子一起找出需要在课上解决和探究的问题，便于孩子更有针对性地听课。

课上学习习惯

课堂学习是小学生学习知识的主要途径，因此养成良好的课上学习习惯十分必要。上课认真听讲、积极思考的课上学习习惯是有效学习和接受新知识的保障。小学生尤其是低年级学生由于年龄小、自我约束能力弱，难免会在课上出现精力不集中、听讲不专心的现象。

这一现象也让很多家长担忧和困惑。该如何培养小学生专心听讲的习惯呢？

我认为有如下几点：首先，平时在家，家长可以有意识地训练孩子的课上听要求的能力。比如，家长在让孩子完成一件事的时候，可以要求孩子按家长提出的顺序去做——先干什么，再干什么，最后干什么。家长在一旁有意识地观察孩子是否按照要求去做了，并及时给予表扬和肯定。另外，家长可以有意识地训练孩子集中注意力和勤思考的能力。比如，平时和孩子交流的时候，要求孩子专注倾听并且要有眼神的交流，防止孩子走神。勤思考就是要让孩子把课上的知识要点、思路等认真思考，在头脑中内化建构自己的知识体系。平日里，家长可以有意识地鼓励孩子多发问、多总结。最后，每天孩子放学回家，家长可以让孩子说说今天课上有什么收获，学到了哪些知识，这也是检验孩子课上听讲效果的一个有效方式。

课后学习习惯

课后学习习惯主要包括认真作业和课后自主复习两方面。

作业是对孩子所学知识的检查和应用的重要形式之一，对小学生来说，完成作业是检查他们是否掌握知识的重要环节和手段。因此，培养孩子从小养成良好的作业习惯，是十分必要的。那么，良好的作业习惯包括哪些呢？首先，要让孩子养成主动、及时完成作业的习惯。另外，要培养孩子认真读题、细心检查的作业习惯。切忌不能一味追求完成的速度，而忽视作业完成的质量。最后，要让孩子养成独立思考、自主完成作业的习惯。复习能够加深和巩固对新知识的理解和记忆，是提高学习成绩的重要环节。

本文开始提到的孩子，接受新知识的能力很快，但是由于忽视复习，以致总是慢慢遗忘学会的知识，从而达不到理想的学习效果。那么，如何培养孩子良好的复习习惯呢？我认为主要有如下几方面。首先一点就是要做到及时复习。课后及时复习可以加深和巩固对新学知识的理解和记忆。另外，要掌握适当的复习方法。科学合理的复习方法既能巩固知识又能增强孩子的学习兴趣和信心。低年级的孩子年龄小，对所学知识的理解掌握不是一次就能完成的，需要反复复习。

因此，家长要引导孩子在复习的时候，注意进行循环复习。比如，不仅要复习当天所学的知识，还要复习之前所学的知识。如此循环往复，慢慢加深孩子的理解和记忆，从而达到良好的学习效果。

好习惯使人终身受益。无论是老师还是家长，都应重视培养孩子从小养成良好的学习习惯。

点评

吴丽梅

家长要不要陪孩子学习？陪到什么时候可以放手？这样的话题似乎经常出现在家长们的讨论中。其实，著名教育学家叶圣陶先生曾说，教育就是培养习惯。陈老师在文中给我们指出了一条可以借鉴的思路，在孩子养成学习习惯的关键时期，家长们需要帮助孩子逐步培养预习、听讲、复习的学习习惯，并引导他们反复练习直到形成条件反射。在培养习惯初期，我们一定会遇到阻力，但是正如孩子需要不断练习，家长们也需要坚定信心，不断调整方法坚持不懈，才能从"陪"到"不陪"。

如何提高孩子注意力，
提升孩子的学习能力

史家教育集团（史家校区）
徐虹

"别发呆了，注意力要集中，赶紧写作业！"

"这么半天怎么才写了这几个字？"

"这么简单的题怎么还做错了？"

"妈妈有没有跟你说过，上课要认真听讲，不要做小动作，妈妈跟你说过多少次了，你怎么这么不听话，总是记不住妈妈的话呢？"

"我叫你半天了，你怎么就跟没听见一样？"

"你看电视时看那么长时间都坐得住，怎么写作业时一会儿要喝水，一会儿去洗手间？"……

作为家长，我相信这些话您跟孩子说了不止一遍。但是您是否意识到，当孩子出现下面这些问题：上课走神，坐不住；小动作多，爱讲话；写作业拖拉磨叽，边写边玩儿；写字慢，字迹潦草；生字单词记不住；排斥学习，跳字漏行；写作业时发脾气，阅读障碍；粗心马虎，情绪冲动，出现畏难情绪……并不是因为孩子不听话、不用心，而是孩子的注意力出现了问题。

心理学家把人的注意力分为两种：即主动注意和被动注意。主动注意又称为有意注意，是自觉地、有目的地注意。被动注意又称无意注意，是自然发生的，不自觉的、没有目的和不加任何努力的。

看电视主要是被动注意起作用，此时注意力是被吸引的，是被动的，不需要意志去控制，受外界信息刺激引导的注意。而听讲、写作业的注意力是主动的，需要意志控制，是受脑干网状结构影响。

注意力问题是引起儿童学习障碍的首要因素，造成孩子注意力不集中的原因有很多种，有生理、病理、脑电结构方面的原因，也有孩子内在心理的、外在环境的以及家长教育方式方面的原因。我们要具体分析和判断。

有些孩子是由于大脑和神经系统发育的限制，神经系统兴奋和抑制过程发展不平衡，故而孩子的自制能力及注意力差一些，有些孩子存在轻微脑组织损害，脑内神经递质代谢异常，他们都会表现出注意力难以集中的特点。有听觉或视觉障碍的孩子也会被误以为对大人的话充耳不闻、不注意听或者视若无睹。另外，人脑的注意力水平取决于脑电结构均衡性。有一大部分受注意力困扰的孩子就是由其脑电结构均衡性异常所致。所以，有些孩子的注意力问题是生理发育问题，不是孩子做不好，而是孩子想做好却做不到。

当然，还有一些孩子为了引起他人注意、得到关注，或者为了逃避父母给予的过重的负担，便下意识地通过一些扰乱的行为来达到目的，这类孩子会被家长误以为是注意力不集中。

此外，饮食和环境也会影响孩子的注意力集中能力。许多糖果、含咖啡因的饮料或掺有添加剂的食物会刺激孩子的情绪，影响专注度；学习环境混乱、嘈杂，也会影响孩子的注意力。

我们更加需要注意的是，家长的过度保护也会导致孩子娇生惯养、自制力差。因为平时对孩子过度限制，会缩小孩子注意的范围，孩子就会缺失这方面的锻炼。另外，学习内容过深或过浅、教育方法过于枯燥或过于单一，也会使孩子失去学习兴趣，注意力涣散。

当孩子出现注意力不专注的问题时，大家不要着急，我们可以根据孩子的情况制定计划，进行训练。

1. 统一思想，达成共识

（1）和孩子达成共识，制定可实现的小目标。比如：做事情不要一心二用，不要被周围环境干扰。

（2）建议家长为孩子提供一个安静的学习和成长环境，帮助其养成良好的生活习惯。鼓励并监督他专注于一时一事，按计划完成。每天还可以带着孩子做一些简单有效、实操性强的训练。

2．多种形式进行训练

（1）听觉注意力和记忆力训练（也叫数字传真训练）：每组数字家长只读一遍，孩子听完之后凭记忆写下听到的数字。

例如，家长读：6872888245……

（2）视觉注意力训练：随机写一串字母，让孩子把字母行中的 j（也可以是其他字母）找出来，并画上线。

例如，dhrtdjhjKoenvbjnebvbjekuhgjangyubvjekuhgjangykesk

（3）视觉分辨能力训练：让孩子从下面的数字行中把所有 1771 的数字组圈出来。

例如，1717711717717711711717171717717171

（4）自己写自己训练：在一组随机排列的字母中，让孩子在每个字母内部空白处再写一个这个字母，比如在 a 里面写 a，在 d 里面写 d，在 o 里面写 o。

（5）挑战舒尔特游戏：建议从易到难进行挑战，提高孩子的注意力。

（6）跳绳：每天连续跳绳 100 个，目的不是锻炼，而是集中注意力，提高专注力、协调能力，这样孩子经过锻炼，注意力集中了，写字的速度也就能上去了。

（7）拍球游戏：左手 200 下，右手 200 下，左右手交替拍，拍时不能坏，坏了就重新从 1 开始。最低标准 100 个，150 是良好，200 是优秀。

（8）推球游戏：距离墙壁 1 米远的地方画条线，趴在地上，向墙壁推球，手悬空不触地、来回推球 600 个，坚持推完。

3．重视注意缺陷多动障碍

虽然孩子注意力不集中的原因有很多方面，但是我们要格外关注注意缺陷多动障碍（俗称多动症），也是我们在学校常见的引起孩子注意力不集中的一类心理障碍。需要去正规医院就诊，在医生的指导下用药治疗，期间可以辅助心理治疗，效果会更好一些。

注意力不集中会造成孩子学习效率低下，成绩无法提高。家长们要通过趣味训练引导孩子产生学习兴趣，强化孩子的自主学习意识，提升孩子的时间管理能力，增强孩子的学习专注程度，从根源上提高孩子的注意力，提升孩子的学习能力。

点评

徐虹老师拥有丰富的教育教学经验，她敏锐地观察到低年级学生因为学习时注意力不能集中而出现的学习困难现象。在本文中，她细致地分析成因并且给出了较为详细的训练策略，值得一读并进行尝试。需要我们关注的是近年来患有多动症的儿童有上升趋势，这里面既有先天的生理原因，

吴丽梅

也有家庭的教养不当问题，因此普及相关概念，及时帮助孩子集中注意力是非常重要的。

11

孩子的作业，
大人要不要检查

史家教育集团（七条校区）

王潇雨

我们知道，小学阶段特别是低年级，是培养孩子良好学习习惯的关键时期。有精力的家长可能会陪伴孩子一起完成作业，帮孩子检查作业。而随着年龄的增长，越来越多的孩子开始不愿意让家长看自己的作业。

我们班的小杨是个有点叛逆的女孩，她悟性挺高，但基础十分薄弱，平时作业错字连篇，听写时根本对不了几个词。我和她妈妈反映这些问题，妈妈说："她平时的作业根本不让我们看，甚至记事本也不让看。"这下我就明白了，靠孩子回家自觉听写、复习，这根本不可能，那在学校听写当然就不会了。

小天是个基础还可以，但一遇到简答题或者作文，就特别爱犯懒的男孩子。像他这样的男孩，我们班还不止一个。他们的作文经常是三言两语，话都说不清楚，自然也绝不会让家长看自己的作文。

瑞瑞是我们班的中队委，是个特别懂事、学习认真的男孩子。但最近我发现他的作业错别字也开始多起来，和家长沟通过才知道，原来他的妈妈最近开始更多地照顾妹妹，也觉得瑞瑞已经四年级，应该放手让他独立完成作业了。

那么，家长们的困惑也随之而来，要不要继续检查孩子的作业？家长什么时候放手最合适？怎样培养孩子自主高效地检查作业的好习惯呢？

首先，我们应该认识孩子心理成长的规律。随着年龄的增长，孩子的自我意识会越来越强，开始有自己的隐私，不愿意父母过多地干预。不让家长看自己的作业，在中高年级是一种较普遍的现象。像瑞瑞这样自觉性很高的孩子，即使作业出现点问题，家长也应该相信孩子，不用再去为他检查作业，而是想办法帮助孩子提高检查的正确率。具体方法后文会提到。

而对于十分排斥我们去检查作业的孩子，我们应该了解背后的原因，对症下药。可能是孩子的作业确实存在问题，譬如完成得不认真，敷衍了事，就像小天那一类孩子；也可能是不会的太多，这也许是听讲有问题，注意力不集中；也许是随着年龄的增长，作业难度提高了，孩子对课堂上的知识并没有完全掌握或理解，从而越来越不喜欢听讲；或是像小杨那样，作业量一增多，基础问题就一股脑儿地暴露出来，孩子心里开始抵触。

家长们也要从自身去找原因，是不是由于我们总是情绪急躁，对孩子的错误总是过多指责，给孩子压力过大，让孩子得不到认同感，从而造成他们对家长的检查产生抗拒心理。

其实，检查作业本身就应该是一个学生自主完成的行为。如果变成了家长去检查，那么孩子势必会感觉到这是父母在给自己"挑错"。

那么，怎样能让孩子愿意展示作业，并逐渐养成自己主动高效地检查作业的习惯呢？我给家长提出了以下几点建议。

心理疏导，正视错误

有的孩子自尊心较强，害怕失败，不愿承认失败，把自己犯错误的原因归咎于别人。对这种错误的归因心理，家长一定要耐心予以纠正，要多鼓励他发现错误并改正错误，让他明白：人人都会犯错误，重要的是要有勇气承认并加以改正。检查作业是一种再正常不过的行为，检查出错误不意味着失败，而是一种进步，让自己的错误得以纠正。

平稳情绪，发现进步

在纠正孩子心理认知的同时，我们家长也应该明确自己看孩子作业的目的。在有必要为孩子检查作业的情况下，我们的检查不是为了否定孩子，而是要帮他纠正错误，因此，我们检查作业时要非常讲究方式方法，不能一味地总是指出孩子的错误和问题，也要善于发现他的优点和进步。每个人都需要周围人的认同感。试想您在工作、做家务或是开车时，旁边的人总是不断地提醒您哪里做得不对，不停地提建议，您也会很反感的。孩子更是如此，如果在写作业的过程当中就总是替孩子指出错误，他会更加沮丧，丧失积极性，还会分散他的注意力。每个孩子都希望把作业完成好，但如果他每次去努力改正，小心谨慎地落笔，都会被您指出错误，他会觉得："我认真做了，家长还是能找到错误说我，快点做完拉倒，反正他们只会说我错。"

检查作业可以，不过不是他今天做的，而是昨天做的。看他改了没有，改得对不对，如果有进步，就要夸夸他！这种方法，对于像瑞瑞那样的孩子同样适用，越夸他，他检查得越认真，正确率也就越高。

逐渐放手，独立检查

家长一定要牢记让孩子自己认识错误，比逼迫他改错更重要，要慢慢培养孩子自己改作业的习惯，而不是一味地灌输答案和套路。习惯养成以后，就不再是您要孩子的作业看，而是他天天让您看他的作业，因为他知道您会夸奖他，他会喜欢这种感觉，很自觉地做好！另外，要避免孩子进入误区，比如故意做错，然后改正求表扬，所以我们家长要根据实际情况，适当地提高要求，孩子的作业正确率会越来越高。今天的作业即使看出了错误也不要说出来，而是要夸他，说相信他明天会更好的。

总而言之，帮助孩子检查作业，不是把任务推给家长，也不能让家长包办代替，而应该是在老师和家长的共同努力下，帮助孩子逐渐养成独立自主检查作业的好习惯。试想一个孩子如果由于没有检查作业，而犯了那些本可以避免的错误，那么第二天，既要学习新的内容，又要改很多之前作业上的错误，无疑会给自己增加很多的负担。因此，我们要引导孩子主动检查，及时改错，从而让孩子成为最终的受益者。

点评

牛东芳

双减背景下，学校是不要求家长检查孩子的作业的。但孩子的学习情况确实是可以通过孩子的作业体现出来的，那么家长要不要通过作业了解孩子的学习状态，继而给出合理的建议和学习安排呢？

王老师给出了好建议：

（1）通过看作业和孩子沟通学习。看作业不能戴着有色眼镜专挑错，如果专挑错还动不动就急，这样的看作业就成了"审查"，给孩子的感受很不好，容易让孩子抵触。

（2）尊重孩子，先肯定孩子的优点，再引导孩子自己找出作业中的问题，当孩子主动改正过来之后，一定好好夸夸他。

（3）要用心培养孩子主动和家长沟通的习惯。从一年级家长每天问一问、看一看、夸一夸，到高年级时孩子养成"妈妈，我的作业放在那儿了，您看看吧！"的习惯，这是可以实现的，因为这时候的"检查作业"已经成了亲子学习交流时间。

不同的亲子关系就会有不同的学习氛围，良好的学习氛围一定来源于良好的亲子关系和家庭氛围，希望和家长朋友们共勉。

12

不做"粗心走神"的小迷糊

史家教育集团（实验校区）

李秋敏

"老师，孩子学习总是磨蹭，写作业时一会儿要喝水、去卫生间，一会儿发愣走神，作业拖得特别晚，甚至影响了睡眠时间，我每天都跟他着急瞪眼的！"

"老师，孩子做题总是丢三落四，不是漏题不写，就是读错了题意，答非所问！做题太粗心了！"

以上两种情况是我在多年教育教学中遇到以及和家长交流时了解到的专注力缺失的孩子常见的两类普遍问题。

不能安心学习，学习过程总是中断

洋洋爸爸跟我说孩子一学习就浑身难受。橡皮也找不到了，铅笔也不好用了，一会儿去个卫生间，一会儿想喝水，一会儿挠头，感觉任何一件小事都能打断孩子的学习，过程拖沓，占用时间长，孩子也痛苦，家长也头疼。

孩子学习过程很难连贯的根本原因就是专注力差，在我和洋洋的沟通中，他说每天都要写一晚上作业，父母一直在旁边盯着他，一有不对就批评他，所以就特别不想学习，一说到学习，表情痛苦，特别抵触。

洋洋是个很聪明的孩子，考试成绩也不错，他的专注力不足，是错误的学习方法破坏了他的专注力。在孩子专注地画画或者玩耍时，总有大人因为各种各样的事情来打断他，例如："喝杯水？""吃点水果？"或者"你在做什么？"孩子专注的瞬间如果总被打断，久而久之，专注力就被破坏了。所以当我们的孩子在专注地做某件事时，我们家长尽量不要去打断他，遵循非邀请不介入的原则，让孩子的专注时间不断延长。

每个年龄阶段的专注力是有限的，至少比我们想象的专注时间短很多。小学低年级的孩子一般可以集中注意力 20 分钟左右；而 10～12 岁的孩子是 25 分钟；12 岁以上的则可以达到 30 分钟。而我们家长常常要求孩子连续学习 30 分钟甚至 1～2 小时！一二年级的孩子可以把学习时间设定为 20 分钟为一个时段，到了 20 分钟可以休息 5 分钟，让孩子站起来活动一下，再开始下一时段的学习。父母和孩子可以一起制定符合孩子生理发展规律的学习计划，家长不强制把孩子"绑"在书桌前，可以很大程度地减少孩子和家长的矛盾。

最后，别让"别人家的孩子"伤害了自己的宝贝。学习是一个不断积累的过程，孩子往往要经历漫长的努力才能得到学习上的回馈，很多孩子还没尝到学习的甜头，兴致已经在与"别人家的孩子"的比较中以及"你怎么永远也做不好""我们小时候学习从来不让父母管"的指责中消耗殆尽了！我们家长在孩子的学习过程中要多多给予他们正向反馈，让他们小步前进，将学习的控制权还给他们，孩子在学习上的主动性越强，专注力才会越来越强。

孩子粗心，做题的时候总是丢三落四

君君是一个活泼开朗的小男孩，同学老师都很喜欢他。但是，他做题总是漏题，或者读错题意，答非所问，有时候甚至写着写着，就把自己会的知识一不留神就写错了。老师指出他的问题，他一拍脑袋，"这个题我会，当时一不留神写错了！"改错速度很快，但是，一做题就不能保证百分之百的正确率。

在和君君家长沟通后，我们了解到君君是早产加剖腹产，有一些轻微的感统失调，我也观察到君君在做早操的时候肢体不太协调，平衡力稍微比其他孩子弱一些。另外，孩子的粗心漏题其实是没有按照老师要求的做题规则进行圈画和检查，有一些问题是可以通过做题顺序的训练避免的！

首先，训练孩子按做题规则答题，读题时做好标记，圈画出题干的关键词；做完题一定要检查自己是否每一题都写了。这种

答题方式的训练可以贯穿孩子每一科的学习、每一次的练习，只要动笔就圈画，从而让孩子养成良好的学习和做题习惯。其次，对于孩子丢字少字的情况，很多时候孩子自己是意识不到的，检查过程中也很难查出问题，就要有针对性地对孩子进行训练。孩子在一二年级时，可以进行舒尔特方格训练，按顺序找到每张图表上的数字，并且计时。也可以进行数字传真训练，家长将数字读一遍，孩子在听完之后凭记忆写下听到的数字。例如：家长读68715，孩子听完之后在纸上写68715。在家玩耍时，也可以通过游戏对孩子进行词语思维训练，家长每念一个词语，孩子认真听，当听到电器就马上举起右手，当听到学习用品就马上举起左手。例如：凳子、课桌、洗衣机、篮球、自行车、书包、电冰箱、作业本、葡萄、空调、电风扇……但是，对孩子进行专注力训练的时间不宜过长，低年级不要超过10分钟，后期如果效果很好，可以适当延长训练时间。

最后，也可以买一些找不同、迷宫、拼图类的书籍和益智游戏，让孩子沉浸其中，慢慢延长孩子的专注力时间。

孩子走神分心、粗心大意、坐不住的情况，要具体问题具体分析。只有真正了解孩子的自身情况，找到注意力缺失的根源，心平气和地与孩子沟通、制定符合孩子的学习计划，才能使孩子养成良好的学习习惯。家长和老师多一些鼓励、少一些指责，才能更好地帮助孩子解决自身问题。

点评

李老师的这篇文章体现了老师对学生的关注，彰显了家校协同的理念。李老师基于孩子"不安心学习""丢三落四"等问题产生的原因，给予家长有效的指导方法，引导家长关注孩子的细节表现，学会与孩子平和积极地沟通，用亲子共同学习和成长的方式激励孩子进步，调动孩子的积极性和主动性，从而解决根本问题。文章的探究点和研究方法切合实际，有很好的指导性和实用性。

崔韧楠

13

家有初中生，
如何交流才畅通

北京市第二中学分校

李昆

"老师，我们家孩子上了初中以后，一说就急，可不像上小学的时候了，现在是一句话都不让说……"

"老师，我们家孩子在学校愿意和同学交流吗？他回家以后什么也不和我们说，吃完饭就回自己房间，还把门锁上……"

"老师，我说一句，他有八句等着我，我都说不过他，他总有道理。您说青春期的孩子都这样吗？"

……

在初中当班主任时，经常会遇到家长像上面这样和我诉苦。显然，这种情况下往往是家长和孩子的沟通出了问题。孩子在成长过程中难免会出现各种状况，而亲子沟通则是解决问题的桥梁。如果沟通出了问题，家长说的每一句话孩子都不认可，想解决问题无异于缘木求鱼。

难道都是"青春期"惹的祸吗？

不可否认，孩子升入初中后，伴随着青春期的生理变化，在心理上自我意识也在不断萌发，表现出比小学阶段更多的自主性，有时甚至会挑战父母的权威，出现"叛逆"行为。

但是"青春期"并不意味着无法交流，更不意味着亲子关系的疏远或破裂。如果家长认识到孩子青春期的改变，做出积极的调整，是完全能够帮助孩子平稳度过青春期并保持良好的亲子关系的。反之，如果家长还用对待小学生的沟通方式对待中学生，往往会加剧孩子的"叛逆"行为，甚至达到水火不容的境地。所以，进入初中以后，亲子沟通出问题、亲子关系紧张并不全是"青春期"惹的祸。

面对初中生，在亲子沟通上，家长该有哪些注意呢？

1. 好好说话

面对升入初中步入青春期的孩子，家长首先应该学会尊重，不能忽略了孩子的感受。心平气和地好好说话，就是对孩子的尊重。

不妨反思一下，我们的言语是在教育孩子，还是在宣泄情绪？是在解决问题，还是在传递焦虑？我们不经意的盲目比较，是否让孩子感到自卑？我们信口的批评指责，是否让孩子感到厌恶？在职场对待同事我们知道"看破不说破"，但在家里对待孩子就"眼里不揉沙子"？不好好说话，其根本原因就是没有真正地尊重孩子，没有把孩子放到和自己平等的位置上，当作一个独立的生命个体看待。

有的家长会说"好好说话总不起作用",其主要原因是我们对孩子的关注、陪伴不够。初中阶段孩子的不良习惯往往是多年形成的,解决问题也很难一蹴而就。只有"好好说话"才能维护好和谐、亲密的亲子关系,问题才能逐步解决。

2．客观描述

印度哲学家克里希那穆提说:"不带评论的观察是人类智力的最高形式。"然而,我们家长对孩子说话时,往往并不是纯粹客观描述,在言语中掺杂了道德判断,却不自知。而处于青春期的初中生对父母的话却尤为敏感。

例如,当家长发现孩子在自己的房间写作业时还玩手机,又从老师那里得知孩子学习成绩下降了,这时候有的家长可能会对孩子说:"你总玩手机,写作业也静不下心来,完全是应付,一点儿上进心也没有,成绩只能越来越差!"

而另一个家长这样说:"孩子,我最近有几次发现你写作业时使用手机,老师和我反馈期中考试你的成绩下降了。"

后者因为是没有掺杂道德判断的客观描述,孩子就更容易接受;而前者却有可能导致亲子关系紧张。

3．表达感受

面对孩子的问题,家长感到着急是正常的,但我们要清楚地认识到批评、指责、盲目比较不仅难以解决问题，反而容易造成心理隔阂。要让孩子理解家长，就要清楚地表达感受而不是批评指责，提出合理的要求而不是粗暴干涉。

比如上述例子中，家长可以说："孩子，看到你成绩下降我特别着急。你写作业时使用手机，我担心会影响你的专注度。我特别希望你在下次考试时，成绩能够回升。所以，我建议你写作业时不要使用手机，写完作业后我允许你使用手机。"

这样的沟通，没有批评指责，只是表达感受，提出建议，帮助孩子解决问题，孩子往往更容易接受。

4．学会赏识

初中阶段的孩子，处于青春期的早期，独立意识觉醒的他们，同样也渴望得到来自长辈的赏识。很多家长认为，改正不足，孩子才能更优秀，所以往往更关注孩子身上存在的问题；也有家长明明心里很欣赏孩子，但却较少表现出赏识，这会让孩子形成一种错觉——在父母眼里，我一无是处。孩子得不到父母的欣赏和认可，自然就和家长形成了一种对抗的态势。然而，激发孩子潜力的关键恰恰在于发现孩子的优点，让孩子总能感受到被欣赏，这样才更能激发孩子自我完善的愿望，孩子才可能越来越好。所以，学会赏识，善于发现孩子的闪光点，才能让亲子间的沟通更加和谐、通畅。

5．把握时机

对于初中阶段的孩子，反复唠叨不仅于事无补，反而会让孩子感到厌烦。这时，家长可以适当少说或不说，默默关注，等待契机。比如，孩子在某一方面取得成就时，家长可以帮着孩子总结成功经验，这样很自然地就将好习惯进行了强化，同时还可以提出更高的要求，孩子也更乐于接受。

学会与处在青春期早期的初中孩子交流，是每一个家庭的必修课。言为心声，决定我们话语的，不仅是技巧，更是心态。为人父母，话语中不仅要有"爱"，更要有"尊重"。家有初中生，"尊重"放心间，交流一定更畅通！

点评

虞雄剑

《中华人民共和国家庭教育法》的颁布实施，意味着家庭教育不仅是私事，更是影响国家和民族前途命运的大事。教育孩子，家长要少一些"信口指责"，多一些科学方法。初中生刚刚进入青春期，家长要认识到青少年成长的客观规律。尊重规律，尊重孩子，将其视为一个独立、平等的生命个体，莫让"刀子嘴"疏远了亲子关系。教育学的本质是关系学，好的家庭关系才有好的家庭教育。学会和孩子交流，是每位家长的"必修课"。修好这门课，才会让亲子关系更加和谐、亲密！

第五章

自我成长

1

如何利用家园合力培养孩子的自理能力

北京市东城区东四五条幼儿园
陈月

"老师，这个怎么打开啊？"大班的小宝拿着奶酪皱着眉头说。我蹲下来对他说："来，两只手拿着塑料壳的两边，使劲一拉就打开了，快试试。"小宝一脸不高兴地说："不，我不会，我不要试。"在老师的不断示范和鼓励下，小宝费了半天劲终于成功地打开了奶酪壳。像小宝这样缺乏自理能力又不愿意尝试的孩子，您见过吗？怎样培养孩子的自理能力，已经成为家长、老师之间谈论的话题，那究竟为什么孩子会自理能力弱呢？

原因有以下两点。

首先，是客观的生理原因。由于幼儿年龄小，小肌肉发展还不完善，自控能力差，手眼协调还不够，所以在培养孩子自理能力时，家长往往会发现让孩子自己穿衣服、自己吃饭、自己收拾玩具或做一件力所能及的事，对于幼儿来讲，都要付出很大的努力才能成功。

其次，是家庭教养方面带来的能力剥夺。有些孩子做事速度慢，或遇到一些困难时，家长怕麻烦，嫌孩子动作慢或弄脏周围，觉得让孩子自己尝试锻炼，还不如家长帮忙更省事：有的孩子要自己洗手，结果手没洗干净，却弄湿了衣服，家长后悔没帮他洗；有的孩子非要自己穿衣服，结果衣服穿反了，还要重穿，家长觉得太耽误时间，不如帮助他穿……所以许多家长认为与其让孩子做，不如自己帮助他们做，可以节省时间，减少麻烦。大人认为这是理所应当的事，却不知处处包办代替，幼儿的独立愿望就会渐渐消失，使幼儿养成依赖心理，从而导致自理能力发展迟缓。

中国著名儿童教育家、儿童心理学家陈鹤琴提出："凡是儿童自己能够做的，应当让儿童自己做。"在家中，家长们应该如何去做呢？

1. 家长要为幼儿提供更多独立做事的机会

对于不同年龄段的幼儿，家长要为其提供各种独立做事的机会。对于 3~4 岁的幼儿，可以让孩子做一些比较容易完成的事，如穿衣服、吃饭等。对于 4~5 岁的幼儿，可以让孩子适当地做一些家务，如擦桌子、收拾玩具等。而对于 5~6 岁的幼儿，可以让孩子尝试整理物品、书包等。当幼儿遇到困难时，要适时介入，不要急于去帮助他们，要给予他们足够的思考时间和探索机会。在这个过程中试着培养孩子独立思考、自己做主的能力。在家中，家长更应该大胆放手让幼儿独立去做，即使幼儿做事速度慢，也要多给幼儿提供独立做事的条件与环境。

2．根据困难的难易程度给予适时的帮助

在幼儿遇到困难的时候，家长要先思考，困难的难易程度对于这个年龄段的孩子来说，是否过难。如果过难，可以给予幼儿一定的语言上的支持，包括口头鼓励、方法指导等，也可以适当给予帮助；如果是力所能及的事，对于这个年龄段的孩子来说可以独立完成，那么家长可以给予幼儿充分的探索时间，让孩子多去尝试，寻找合适的方法与经验，经过一段时间的练习，就会越来越熟练，家长不要以幼儿动作慢、做不好为由，剥夺孩子独立做事的能力。

3．家长要根据具体情况适当地给予幼儿言语上的鼓励

当幼儿经过努力后完成了挑战，家长要给予他及时的鼓励。鼓励和表扬是孩子成长过程中所需的一种精神营养，更是一种强化独立做事这一习惯的好方法，能使幼儿树立自信心，激励他更加愿意自己主动做事，最终获得成功。

培养孩子独立性是随时随地都可以进行的教育，我们要把培养孩子独立性的目标装在心里。培养孩子独立性是让孩子有自己的主见，自己为自己的明天做主。而孩子独立性的培养同样离不开家庭的教育与培养，家园需要达成教育的一致，才能取得实效。因此，幼儿园和家庭要重视和开展有针对性的教育，为幼儿创设机会，让其学会独立思考和创新，独立做属于自己的事情，只有相信孩子，孩子才会更优秀。

点评

———

李妍

教育家陈鹤琴曾说过："凡是孩子自己能做的事让他自己做。"这些年幼儿自理能力的培养已经成为教师、家长关注的焦点，无论是对于幼儿的小肌肉发展还是对于幼儿自我服务的培养都尤为重要。文章中以常见实例为开篇，客观分析幼儿自理能力较弱的原因，给予家长切实有效的指导方法，让家长学会在"急于看到结果"与"适度耐心等待"之间做出选择，减少过多的包办代替，使孩子在能力获得发展中感受独立做事的快乐。

2

如何"网"住孩子的注意力

北京市汇文第一小学

王兴平

你是否常常见到这样的现象：大人正在聚餐，为图省事，把孩子交给手机"看管"，孩子捧着手机沉迷在游戏的世界里；乘车时，孩子拿着大人的手机醉心游戏；放学回家的孩子，第一件事就是拿过妈妈的手机狂刷……

以上的情形在我们的生活中屡见不鲜。然而高频率、高时长使用电子产品已经不知不觉"吞噬"了孩子的注意力，电子产品和手机 APP 与儿童的"频繁互动"往往是单向的，它们会不断提高儿童注意力的刺激阈值。同时，质量良莠不齐的 APP 软件、内容纷杂的广告弹窗，也是孩子使用电子产品时的一大隐患。所以，孩子频繁流连于各个手机应用软件，对主动注意力的发展和长时间保持造成了不良影响。长此以往，孩子在课堂听讲时就很容易失去主动注意力和耐心，造成课堂学习效率下降。

注意力是一切能力的基础，在儿童学习中起着举足轻重的作用。文献表明，在课堂上能够高度集中注意力的孩子对知识的吸收和了解程度更高，举一反三的能力更强。随着"互联网+"时代的发展，儿童注意力不集中成为一个不可忽视的问题。手机、电脑、平板电脑的使用和互联互通、高效的网络应用，填满了我们生活的"微"时间。

如何正确使用网络、媒体和电子产品，正向"网"住孩子的注意力呢？

引导儿童建立正确的互联网使用观

学校、家庭和社会要帮助儿童正确认识互联网在生活、学习方面的作用，建立正确的互联网使用观。同时，要加强对儿童使用电子产品频率、时长、内容的管理，促进儿童身心健康成长、全面发展。

家长可以利用绘本故事，和孩子一起分享互联网带给生活的便捷，同时对于网络上出现的不健康内容，不跟风，有害的弹窗也要及时设置成屏蔽状态；另外，还要将手机应用软件设定为青少年模式，跟孩子一起协商好每天看手机的时间段和时长。孩子如果执行得好，就给予适当奖励；如果没有很好地执行，可以采用相应的负强化"惩罚"，比如取消明天看手机的时间等。

注意培养儿童的倾听能力

网络中的音频资源丰富多样，可以作为家庭亲子时光的倾听训练素材。儿童听故事时，我们可以在听的过程中对孩子提问，从而将孩子注意力集中于故事的内容。比如，我的同事就将一款听书软件用到了极致，他们家孩子喜欢历史，他就每天早晨利用起床后的 30 分钟陪孩子听历史故事，孩子一边听一边重复，吃早饭前家长用小提问的形式让孩子回答 1～2 个小问题。这样，将孩子的注意力训练与兴趣相结合，孩子各项能力的提升就更加高效。

另外，多鼓励儿童与同龄人做游戏。家长也可以陪伴孩子做一些锻炼注意力的游戏，如"木头人""贴鼻子"等，这些简单好玩的游戏都可以锻炼孩子的注意力和反应能力。此外，这些有趣的小游戏还可以增加亲子互动，促进亲子关系。

利用注意力训练游戏提高儿童注意力水平

利用注意力训练小游戏，既可以提升儿童注意力水平，还可以训练儿童反应能力。

"大西瓜、小西瓜"游戏就可以训练孩子的专注力。手掌相对、放在胸前表示"大西瓜"，双臂张开表示"小西瓜"。游戏时，参与者要轮流大声说"大西瓜"或"小西瓜"并同时摆出正确的姿势。这个游戏既锻炼了儿童的身体协调能力，又能使儿童保持对游戏的高度专注，游戏参与者越多，对专注力的考验就越强。

同时，学会一些简单的注意力训练方法可以更有效地培养儿童注意力。

舒尔特游戏就是当今世界上最为简单有效的注意力训练方式。家长可以下载舒尔特方格 APP，在 1cm×1cm 的 25 个方格中，格子内按任意顺序填写了数字 1～25 共 25 个数字。训练时，要求儿童用手指按 1～25 的顺序依次指出位置，并出声诵读，并记录所用时间。

舒尔特游戏的形式多样，除上面介绍的数字版，还有汉语拼音顺序版、汉字数笔画版、图形版、古诗版、十二生肖版等。使用舒尔特方格 APP 的训练过程中，儿童还会获得积分奖励和鼓励性评价，消弭了儿童游戏失败时的厌烦情绪，从而提高了儿童注意力水平。

除舒尔特游戏外，迷宫、拼图、"找不同"等小游戏不仅锻炼儿童注意力，而且可以训练儿童观察力、记忆力和思维力等。

注意力是有效学习的大门，家长应该从小训练儿童的注意力，使儿童养成集中注意力的好习惯。利用好互联网和电子产品，基于孩子的兴趣，在家校合作中找到适合儿童、提升儿童注意力水平的方法，轻松又愉快！

点评

李宏梅

王老师认真研究非智力因素对于孩子学习的影响，深入观察和分析了注意力在孩子学习中的重要性，以及当前普遍存在的电子产品对长时间主动注意力保持造成的不良影响。同时基于在教育教学中的实践提出，不仅要重视引导孩子树立正确的互联网使用观，还可以尝试运用互联网和电子产品进行倾听训练和注意力训练。本文有思考，有理论支撑，方法非常有可操作性。希望家长和老师能够在实践中积累有效经验，加强专业知识的学习研究，理论和实践相结合，提高训练的有效性，加强家校双方在培养孩子主动注意力方面的合作分享。

3

你专注做事的样子真美

史家教育集团（史家校区）
王华

小明有一双大大的眼睛，长长的睫毛，白里透红的脸蛋，十分可爱。初次见到他的人都说，真像动画片里的"天线宝宝"。就是这么一个可爱的小男孩却让教他的所有老师都头疼。"小明上课不听讲，手里还老是玩东西，说了好几次都不听，太不像话了！"数学老师拿着没收的铅笔和尺子气鼓鼓地找我告状。放学时，我和小明妈妈谈起课堂听讲问题，她说小明在家里也是这样。最让她发愁的是，每天做家庭作业时，因为孩子总是走神、边写边玩，即使很少的作业也要写很长时间。妈妈就算搬把椅子坐他身边，他也能东张西望，摸摸这儿动动那儿。妈妈生气了就连骂带打，每天写作业就像一场战争。

像小明这样注意力不集中的孩子在班里不是个例，只是程度不同而已。怎样做才能提高孩子的专注力呢？要先了解孩子的成长环境，摸清楚背后的原因才能对症下药。

经过多次沟通和家访，我了解到小明的父母工作比较忙，回家很晚，多数时间是和奶奶在一起生活。奶奶对孩子只知道疼爱、娇惯。孩子不管是在玩耍还是在读书学习，奶奶一会儿问问渴不渴，一会儿问问饿不饿，一会儿问问冷不冷、热不热，要不就是给削好水果，一口一口地喂。孩子不管想吃什么，奶奶都有求必应马上给准备。上学后，对于老师反映的孩子的问题，奶奶只是一味地唠叨，并没有检查孩子作业情况。孩子年龄小时还肯听，后来不管奶奶怎么唠叨，孩子就是当耳旁风。父母发现孩子的问题后，要么是工作忙没时间管，要么是训斥一顿，气急了就打一顿，孩子的专注力非但没有改善，随着年龄的增长，问题反而越来越严重了。针对小明的情况，我给家长提出了几个培养专注力的小妙招。

多鼓励，少唠叨，不打断孩子

当孩子主动和大人交谈时，不管孩子在表达上断断续续或者词不达意，还是幼稚可笑，一定耐心倾听，让孩子把话说完，并给予真诚的肯定，让他觉得被理解，有成功的感觉，就会更加自信。

当孩子行为出现问题时，家长要明白，犯错误是孩子的权利，失败是成功之母，千万不要一味训斥，也不要唠叨个没完，更不要骂一顿打一顿了事。打骂解决不了问题，只会让孩子关上自己的耳朵，对家长的话变得充耳不闻。要站在孩子的角度，耐心地帮孩子分析错误的原因和危害，找到解决办法，鼓励孩子努力改正。

当孩子正在做自己喜欢的事时，比如，他专注地玩玩具、画画、看书时，尽量不干扰，不打断孩子。不要让他喝水、吃水果，也不要请他帮你做事，而是耐心地等他做完，真诚地赞美一句："宝贝，你专注做事的样子真美。"要知道，孩子沉浸于他感兴趣的事的同时，就是培养和建立他专注力的时候。哪怕是折纸飞机，能折好也不是一件容易的事情，这个过程也是建立专注力的过程。

建立健康、简单而规律的生活方式

减少食用甜点、碳酸饮料、冰激凌、炸鸡等油炸食品和过多的肉食。据美国"今日科学"网站报道，俄亥俄州立大学的一项研究表明，受试者食用富含饱和脂肪酸的食物后，注意力评估中的"应激响应能力"平均降低了11%，比食用不饱和脂肪酸食物的受试者更容易"走神儿"。建立健康的饮食习惯有利于提高专注力。（来源：中国青年报客户端）

让家里的环境尽量干净整洁。特别是孩子的房间，要简洁明快。玩具、食品最好收起来，不要放在显眼的地方，否则容易分散孩子的注意力。书桌上，只能放与学习有关的物品。学习用品，如铅笔盒、铅笔、尺子、橡皮，在好用的基础上越简单、朴素越好，避免精美、花哨。孩子学习的时候，家长尽量避免看电视、打电话，也不要在孩子学习时进进出出、大声聊天，为孩子创设一个安静、整洁的环境。另外，孩子的生活作息也尽量规律。

建立有规律的作息时间，早睡早起，即使节假日，作息也要规律，有利于使大脑得到充分休息，提高记忆力和专注力。

在规定时间内完成学习任务

对于家庭作业，可以教孩子先把简单的做完，再完成有难度的作业。当然，孩子如果喜欢挑战，也可以反过来，先做有挑战性的作业，满足成就感，之后再做简单的就更加轻而易举了。刚开始，在小明还没有形成独立学习能力时，家长可以先预估一下作业的时间。比如15分钟完成一项语文作业并自己检查。注意，刚开始多给孩子一些时间，让孩子体验到成功的快乐。开始学习之前，家长还可以让孩子回忆在学校老师教过的审题方法，提醒孩子，边读题边画出审题符号，做完检查时也用符号标出，这样可以防止孩子做作业时走神和出错。这些小方法都能加强孩子的自信，让他感觉"我能专注地做好一件事"。如果孩子能够专心完成，家长要给予鼓励，可以是口头表扬，可以是拥抱，也可以是亲吻等。之后让孩子休息5~10分钟，再以同样的方式完成后面的学习。特别要说明的是，当孩子做作业足够专心后，家长可以适当延长一次性学习的时间，逐渐提高孩子的专注力。这样良性的循环建立起来，孩子慢慢就提升了独立完成学习任务的能力。

专注力又称注意力，是指一个人专心于某一事物或活动时的心理状态。在不受打扰的前提下，注意力是孩子自然具备的一项品质。请让孩子从容地做完他投入的"工作"。家长要改变错误的教育方式，不去做控制型、干扰型的家长，学会科学地陪伴孩子成长，孩子在专注做事的过程中才能绽放最美的自己。

点评

张均帅

专注力是人一生必备的能力，这种能力从小就要培养。无论孩子是在学校学习、家庭学习、社会实践中，还是未来在工作中，专注力都将影响到孩子成长、成功的广度和深度。王老师通过在课堂上对孩子的细致观察，以教育者的敏锐感和责任感，对孩子的问题进行了调查研究，从关注身心成长的科学角度给出了分析、解决措施和家庭教育建议。我们在试图提高孩子专注力时，要关注孩子学习环境的改变，科学做好学习规划，要给予孩子专注力提高后的鼓励，还要注意饮食、环境、作息的影响。家长通过多方面的实践，循序渐进，一定会有所收获的。

4

从"胆小退缩"到
"勇敢自信"

史家教育集团（实验校区）
翟梓菲

　　阳阳是一个坐在班级角落里"不起眼"的小男孩，平时能不说话就不说话，能往后躲就往后躲。上课时，别的同学都会把手举得高高的，争着抢着回答问题，阳阳则安安静静地坐在座位上瞅着老师，即使被叫起来，回答问题的声音也很小。自由活动时，阳阳一个人安静地写着作业，午饭后默默地帮老师收拾餐车。老师表扬他时，他的小脸上会露出羞涩的笑。

　　妈妈担心阳阳受委屈，总是宣布一些条条框框，限制他做不擅长的事情，以免出什么差错，遇事儿也多半会替他做决定。时间长了，阳阳似乎更害怕动手和开口了。每当这时，脾气有些急躁的妈妈就会斥责阳阳："你怎么这么胆小，遇事就知道退缩！"所以，阳阳很少和老师同学主动说话，也很少主动为班集体服务，最好的朋友是他的同桌明明，一个同样文静内向的小男孩。眼看孩子就要升入高年级了，这可让妈妈着急犯了难。

那么，我们该如何帮助阳阳改变这种状态呢？

儿童的性格是在遗传素质的基础上，在社会环境的影响和熏陶下长期塑造而成的。小学中年级的儿童，性格发展会影响其适应性行为。良好的性格表现为责任心强、勇敢自信、不畏艰难、乐观积极等。一个孩子可能拥有内向、敏感、胆小的气质特点，但不应影响正常的学习和生活，若胆小退缩到连话都不敢说，就是一种性格缺陷。若孩子的性格表现为害怕陌生事物、害怕当众表现、不自信等，不仅会对其智力发展、情绪、语言交流等方面产生影响，还容易使其出现盲目从众的心理和行为，选择"人云亦云"。由于挥之不去的自卑心理在作祟，孩子对结识他人兴趣索然，或不敢结交朋友，而且由于过度害羞，在学校、家庭、社会交往中的接触面十分狭小，各种能力的发展受到严重的限制。因此，帮助孩子克服胆怯心理，培养勇敢自信的品格，是摆在家长面前的重要任务。

我们可以尝试以下几个小方法。

1. 改变教养态度与方式，避免对孩子过于严厉

孩子在成长过程中难免会犯错，如果对孩子的错误指责过于严厉，孩子便会开始怀疑自己，因害怕失败犯错而退缩。为了避免犯错，他们就尽可能少做、少说，以致越来越不敢表达自己，表现得越来越胆怯。父母应当及时改变教养态度及方式：多一些耐心和信任，利用各种机会锻炼孩子；多一些陪伴给孩子，给予孩

子情感支持与力量；言传身教，教会孩子解决问题的方法并不断鼓励孩子尝试，克服畏难情绪。

2．大胆放手，给孩子一定的决策自由

平时利用去超市购物、向行人问路等机会，鼓励孩子开口说话。起初可能比较困难，父母必须有耐心，多鼓励与表扬，切忌说"你怎么这么没用？""你怎么这么笨！""你怎么什么都做不好！"之类的话。鼓励孩子多参加同龄人组织的集体活动，与同学一起看场电影、打个篮球等。利用寒暑假全家去旅游，走进大自然，既可以开阔眼界，又可以获取知识、培养良好的性格。总之要鼓励孩子走出家门，与不同的人接触，与不同的人交流。生活上尽量给孩子提供锻炼的机会，不可对孩子溺爱，更不能越俎代庖。遇到事情更要给孩子充分的信任，给他思考和真正自主决定的机会，不能把自己的想法强加给孩子。

3．家校携手，重视老师和同伴对良好性格塑造的作用

环境对一个人性格的形成和发展具有重要和深远的影响，家庭、学校、社会都有义务为孩子提供良好、健康的环境，帮助他们塑造良好的性格。家长应该选择合适的时机与学校老师沟通，获取老师的支持，家校携手，使孩子在学校、班级中获得更多讲话的机会。家长要多鼓励孩子发挥自身特长，参加学校、班级组织的集体活动，提升孩子的参与意识，多与外向开朗的同学交往，帮助其克服胆怯心理。

4. 提倡父亲陪伴

相对于母亲来说，父亲更加外向、勇敢、果断，爸爸带孩子游戏的内容和方式更能锻炼孩子的胆量。如果说妈妈像月亮，那么爸爸就像太阳。一个孩子只沐浴着月光很难成长为一个阳光少年，他必须吸收来自太阳的光辉。父亲"顶天立地"的家庭形象更能建立起榜样和示范作用，多陪伴孩子打篮球、下象棋、骑车、远足等，在陶冶情操的过程中潜移默化地影响孩子的性格，增进亲子情感的同时，培养孩子坚毅果敢的意志品质。

勇敢自信是一种良好的心理品质。一个人如果对所做的事充满信心，就会积极主动、有始有终地去做，并能在做的过程中排除障碍，发挥创造性。值得注意的是，父母要根据气质类型来塑造孩子良好的性格，不应过分强求孩子。不论是胆大果敢型还是胆小敏感型，气质类型并无好坏之分，任何气质类型都有积极和消极的作用，都有可能影响孩子社会交往能力的正常发挥，所以应该在充分了解孩子的气质类型的基础上，塑造其良好的性格。

点评

李超群

小翟老师是一位青年教师，刚刚入职两年的她对教育孩子有自己独到的见解和方法。让孩子从"胆小"到"自信"，小翟老师能够抓住合适的契机，把握孩子问题的症结，顺势而为。通过真诚的沟通和有效的指导，家校合作最终让孩子的表现越来越好。这也告诉我们：实现家校共育的前提是要了解、尊重、鼓励孩子。真正走进孩子的内心，取得家长的信任。这样的家校合作一定会取得成效！

提高内在动机，
助力孩子爱上学习

史家教育集团（史家校区）

刘佳

"你怎么一点儿都不着急！"

"你抓紧点儿，别玩儿了，一会儿还有其他事情！"

"这么长时间了，还没有完成吗？"

……

在一声声催促中，孩子不耐烦地拿起手中的笔开始学习……这似曾相识的一幕是否也在你的家中发生过呢？很多时候，孩子面对学习提不起兴趣，总是在拖延，或是逃避，那时候家长的状态也非常激动、不淡定。

班级中的小东也有相同的情况，一到学习时就想各种方法逃避。在家里，妈妈曾使用很多办法软磨硬泡，甚至十八般武艺都用过，就是拧不过他的哭闹和拒绝。面对妈妈的劝说，孩子立场异常坚定，甚至使用过终极"大招"——装病，来逃避学习。随着孩子的抵触情绪越来越重，妈妈也变得焦虑，不知如何才能帮助孩子解决问题。在一次次孩子和妈妈的较量中，孩子总是以哭闹的方式"大获全胜"。在后来和家长的接触中，得知家长对孩子要求很严格，期待孩子能够变得更加优秀，平时也会给孩子安排各种兴趣班，帮孩子规划课余时间。小东在被安排的生活中，也逐渐变得叛逆，学会了"钻空子"，妈妈的严格最终适得其反。

小东为什么会出现这样的情况？

其实，每个年龄段的孩子都会遇到这样的问题，正是内在动机的缺失，让孩子在一次次被要求的情况下，变得越来越被动，渐渐陷入一个恶性循环。

内在动机是孩子的学习目的，指向学习活动本身，学习活动本身能使孩子得到情绪上的满足，从而产生成功感。内在动机能够为孩子提供一个促进学习和发展的自然力量，只有拥有内在动机的人才能够更好地享受学习的过程，保持探索未知的乐趣。在家庭教育中，家长要关注孩子的真实想法和需求，点燃孩子内心求知探索的火苗，助力孩子不断去体验成功的喜悦。

对于小东而言，需要激发他本身的内在动力，帮助他走出此时的恶性循环，找到真正的学习乐趣和自身的价值感。

面对这样的问题，作为家长应该怎么做？

1. 家长要建立积极的思维方式

当遇到孩子出现的成长问题时，作为家长应该以更加积极的思维方式来看待问题，这样才能潜移默化地影响孩子的行为。心理学研究发现，出生几周的婴儿就能面对面地模仿抚育者的各种表情；约7~9个月时，婴儿能将积极的表情（愉快、惊奇等）和消极的表情（悲伤、害怕等）区分开来；一周岁左右，婴儿能利用别人的表情作为"社会参照"来决定自己的行动方向。因此，家长在面对孩子出现的问题时，要采用积极的方式，不能一味地指责或退让，因为家长的态度在无形中影响着孩子。在与小东妈妈的沟通中，我明显能够感受到妈妈平时对孩子的消极评价比较多，比如"他能做好才怪""他每次都骗我，我都不相信他了"。如果妈妈能够更加积极地看待小东的问题，结果会不会变得不一样？家长应该更加全面地看待孩子，主动挖掘孩子的优点，懂得欣赏孩子，肯定孩子的努力、品行和进步，让孩子在积极的家庭养育环境中感受自己的成长和进步，激发孩子自身的能量。

2．家长拥有积极合理的期待

家长应协助孩子建立适合自己的目标，从而对其成长起到正向激励的作用，使孩子更加自信、更加主动，不断获得成就感。但是，有的家长总会将自家孩子与"别人家的孩子"进行比较，要求事事都要领先，不能落后，其实无形中就会给孩子带来心理压力。当期待过高，孩子没有达到时，就会使孩子陷入自卑心理，长此以往，会对孩子的心理健康产生很大影响。不妨试试将给孩子定的目标降低，让孩子跳一跳就能够得到，将任务简单化、具体化，使孩子感受到更多及时、积极的反馈，给孩子更加具体的表扬，比如"通过不断努力，你的学习有很大进步！""你真是一个有探索精神的孩子！"等，让孩子明白自己好在哪里，知道以后要怎样努力，使其不断体验进步的快乐、增强胜任感和自信心。

3．孩子有自主选择的权利

有一个流行网络词汇"鸡娃"，是指父母给孩子"打鸡血"，为了孩子能读好书、考出好成绩，不断给孩子安排学习和活动、不停地让孩子去拼搏。或许有的孩子能够在"鸡娃"模式下获得成功，但是更多家庭应该根据每个孩子的特点去爱他，让孩子获得更多自我选择的权利，而不是被"安排"。小东是个帅气的小男孩，而妈妈却给他报了芭蕾舞兴趣班，鼓励他多运动，锻炼协调性。小东表示不想去，他想参与男孩儿多一点的运动。协商未果后，小东和妈妈的亲子关系也受到影响，小东不断出现叛逆行为。在生活中，家长应该给孩子们更多自主选择的权利，不能事事都大包大揽，使孩子产生依赖心理或逆反心理。每一个父母都要适当放手，给孩子更多自由发展和选择的空间，多问问孩子的感受，鼓励孩子自己动脑筋想办法，解决问题，为自己的事情负责，在学习和生活中培养孩子的主动性。

德国哲学家莱布尼茨曾说过"世界上没有完全相同的两片树叶"，其实每个孩子都是一个独特的个体，永远不要去追求让孩子成为完美的小孩，也许就是因为不完美，才有了这么多与众不同、充满个性的孩子们。每个家长在养育孩子的过程中都要学会理解孩子，点燃每个孩子心中的那一团火，让他们拥有追求自由的勇气和能力，拥有自主的力量，在积极有爱的环境中健康成长。

点评

张均帅

让孩子爱学习、会学习，是家长们共同的愿望。刘老师结合心理学对提高孩子学习内在动机给出了自己的观点和方法，值得家长们研究和借鉴。解决这一问题，就是"激发"和"培养"的问题。激发孩子对学习的兴趣，培养会学习的习惯。爱学会学的孩子都是自发学习的，不需要太多的督促。我们要支持孩子的好奇心，点燃孩子学习的兴趣点，教孩子学会建立学习目标，培养孩子的成长思维，理解包容孩子的错误，不断给孩子注入学习动力，在攻克难题、解决困难后让孩子体验到成就感，从而培养出良好的学习习惯和方法。

6 从"专"入手促成长

北京市汇文第一小学

高君

平时和家长沟通交流的时候，经常会听到家长说："老师，我们家孩子不能专心做事情，总是一会儿做这事儿一会儿做那事儿，每件事情都做不完整，也做不好。""我们家孩子怎样才能写作业不磨叽呢？""在写作业的时候，怎样才能做到快速高效？"这些问题都指向了一个重要的原因：孩子的专注力难以集中。

什么是专注力？

"专注力"又称注意力，注意力是指人的心理活动指向和集中于某个事物的能力。家庭养育对培养孩子的注意力起着至关重要的作用，但是家长往往会聚焦养而忽略育，在低龄儿童做事情的时候总是在旁边打搅，提醒"别驼背""喝口水""注意眼睛""吃水果"等，那时家长更多的是关注孩子的身体健康；孩子大一点后，家长会在他练琴时纠正手型、写字时纠正笔顺、作业时提醒检查等，就像一架直升机一样无时无刻地盘旋在孩子头顶。另外，家长给孩子营造的学习环境过于丰富多彩，或者让孩子观看屏幕时间不受控，家庭缺乏安全感氛围、缺少家庭专注榜样，家长对运动作用的认知不足等，这些因素往往都是造成孩子注意力不集中的原因，也是许多孩子学习能力不足的共同原因。而专注力培养好了，时间自然就节省出来了，也更能让孩子高效地完成学习任务。

我们可以怎么做呢？

1．营造一个有利于学习专注力提升的家庭环境

父母是孩子的第一任老师，孩子除了每天在学校学习外，接触的最多的就是父母，家长可以给孩子布置一个安全、舒适，利于注意力集中的家庭学习环境，更好地促进孩子专注力提升。

首先，孩子的学习场所要固定，要收拾得简洁明快，把容易让孩子分心的物品收起来，室内的光线要柔和、适度，更有助于孩子集中注意力。其次，在孩子学习时，他的书桌上只摆放所要完成作业的课本、练习本、学习用品，和学习无关的物品不能出现在书桌上，同时，学习用品要简洁，避免把学习用品当作玩具来玩。最后，孩子学习的时候，父母可以在旁边看看书，不能有电视机、打游戏、玩手机、聊天等声音干扰。

2．在兴趣中发展和训练专注力

兴趣是最好的老师，孩子做事有了兴趣就会专注，就能坚持；反之，就不会去关注，更不会集中注意力去做。

家长在日常生活中观察孩子的兴趣所在，当发现孩子的兴趣之后，要支持、陪伴他一起保护兴趣。比如：孩子喜欢画画，家长可以提供各种素材让孩子进行选择，在画画的时候孩子不知道画什么、该怎么画，家长可以在旁边做引导、示范，鼓励他把自己心中所想所思用画笔展现出来。在这个过程中，他的注意力会特别集中，当看到自己的作品时也会产生成就感，这样孩子就会慢慢地静下来，也能更长时间地专注做事情。在这个过程中家长要多鼓励、帮助孩子，给予他信心和坚持下去的勇气。另外，在日常生活中，当孩子专注于做他手中的事情时，父母切记不要干扰孩子，而是耐心地等他完成，因为孩子沉浸于他感兴趣的事情时，就是在无意中培养自己的注意力。总之，家长要让孩子在兴趣中带动注意力，从而唤醒孩子的专注力，并保护好孩子的专注力。

3．在日常的亲子活动中培养专注力

在日常生活中多陪伴孩子做一些亲子活动，在无形之中能够锻炼和提升孩子的专注力，帮助孩子更好地集中注意力。在家庭中可以通过开展桌游游戏，进行针对性的训练，如划消实验、舒尔特游戏、连连看、走迷宫、找不同等，在活动中培养孩子的视觉专注、听觉专注、视听融合，进而培养孩子的专注力，激发孩子的内源性注意的发展。

在这个过程中，家长可以和孩子一起 PK 看谁用的时间短，也可以通过孩子出题考家长等灵活多变的形式来提高孩子参与的积极性，激发孩子的兴趣，这样不仅可以增强亲子关系，还可以提高孩子的专注力。另外，运动对于孩子的注意力有促进作用，在日常生活中，家长可以有意识地锻炼孩子的体能，通过体育锻炼和户外运动，提升孩子的专注力。

4. 制定家庭行为契约，提高专注力

家长可以通过和孩子一起制定家庭行为契约，提升家庭教育实践的积极效果，在家庭中培养孩子的专注力。孩子在履行契约的过程中可以提高自我行为的约束能力，并且逐步提高专注力，还能体会到契约的深层含义——守信，这也是孩子未来立足社会、开拓人生的基石。

父母和孩子需要共同协商、共同遵守家庭行为契约。比如，给孩子制定的契约内容可以是：主动完成作业、不拖沓、每天观看电子屏幕不超过 1 个小时等。家长也要严格遵守契约中关于家长的条例，接受孩子对家长的监督，并接受相应的奖惩。当孩子看到了家长的变化，自己也会更努力地遵守约定，父母以身作则，做出努力，克服困难，都是给孩子做出好的榜样。行为契约不仅能够培养孩子的专注力，还教孩子要为自己的行为负责，从而引导孩子自我约束，变得更加自律。

总之，我们可以通过营造有利于专注力提升的家庭环境、在兴趣中发展和训练孩子的专注力、在日常的亲子活动中培养专注力、制定家庭行为契约提高专注力，使孩子健康成长、学习更高效。

点评

梁新燕

专注力是一个人走向成功的必备因素，因此，孩子从小就应该着重培养这种能力，教师和家长都应该有这种意识，而不是只关注知识传授。尽管意识到专注的重要性，但如何培养孩子的专注力还是让大家感到茫然。高老师的文章像灯光照亮了晦暗的路，为我们明确地提出了培养孩子专注力的方法。这些方法紧密结合生活，注重在孩子感兴趣的活动中进行培养。若在生活中时时留心，灵活运用，相信孩子们会在潜移默化中提升专注力的。

7

做时间的"小皇帝"，不做时间的"小奴隶"

史家教育集团（史家校区）
李梦裙

"老师，这孩子回家写作业太磨蹭了！"

"她做事总是不着急不着慌，都晚上十点了，一共没几项作业，可就是写不完！"

"天天磨洋工，收拾个书包，我看着都起急！也不知道随了谁了。"

……

这些时间的"小奴隶"——缺乏时间管理能力的孩子，可以被分为两类：会学习，不爱学；想学习，不会学。

会学习、不爱学的小白哥

小白哥代表了一些能力较强、但缺乏学习自主性的孩子，这样的孩子本可成为自主管理时间的佼佼者，但却因为缺乏学习的动力，在中高年级学习自主性比较容易波动的阶段，出现时间管理失控的情况。经过观察发现，小白平日在学校的课余时间一向不写作业，可以说是利用所有课间和同学尽情玩耍。在与他妈妈沟通了解后知道，原来对他一向要求严格的妈妈，把小白每天的课余时间安排得满满当当：做练习、练钢琴……而这些都不是孩子自己喜欢的。正因如此，孩子总是想方设法地找时间做自己想做的事情。像这样的孩子，我们作为老师和家长，可以怎样帮助他呢？

1. 帮助孩子感受时间

我们经常对孩子说："珍惜时间，不要浪费时间，时间是多么宝贵！"可是，我们的孩子们真的感受过时间吗？对于像小白这样有能力管理时间、却让时间在不知不觉中慢慢流逝的孩子，我们要带着他去真正感受时间。于是，我告诉小白的妈妈："您带着他静静地感受时间。当发现他不写作业，而是看漫画、甚至发呆的时候，您带他停下来，和孩子一起什么都不做，就停下来静静地感受时间的流逝。"其实，像小白这样的孩子是很聪慧的，他一定不甘于白白浪费这一分一秒，在那段停下来什么都不做的时间里，哪怕只是 10 分钟、15 分钟，他也一定会感到坐立不安。通过这样的方式让孩子知道，时间真的很宝贵！

或是带着孩子去观看一些珍惜时间的小片子，比如《苍蝇的1 分钟》，让孩子感受 1 分钟有多长、1 分钟苍蝇可以做哪些事情，引导孩子换位思考，并亲自尝试。

2．合理规划和安排时间

孩子就是孩子，我们要让他们劳逸结合，要让他们释放天性，享受学习完成后的快乐时光。因此，我们一定不能让业业和课外班占据他们所有的时间，要通过合理的安排，让他们在学习完成后能够发展自己的兴趣，这也是努力学习的收获和奖励。

家长可以尝试跟孩子一起制作一张精美的"时间管理表格"，一起商定做事情的具体时间段。在假期，孩子可以把想要做的事情和需要做的事情都罗列出来，依次安排在时间表中。孩子自己制定的表格能够让他更加自主，在执行时也能更加清晰明确。

3．积极的榜样或是学习小组

班里往往会有一些善于管理时间、能够抓紧时间尽快写完作业的孩子，这样的孩子其实能够发挥很大的带动作用，成立积极的学习小组是一个很好的选择。同学间发挥相互影响的积极作用，你追我赶，又快又好地完成作业会成为班里的新风尚。

"写字困难户"小文

每个班里都会有考试写不完卷子、回家做不完作业的孩子，他们总是家长和老师们"牵挂"的对象。

班里有个"写字困难户"小文。他的主要表现就是记事抄不完、作业写不完、卷子答不完。天天作业写很晚，但是成绩却毫无起色。

在细致观察后发现，造成这些"慢"最主要的原因是这个孩子写字慢，太慢——每抄写一个字，都要按照这个字的结构甚至是笔画，抬眼看上三四次，直至慢慢悠悠地写完这一个字，就这样的抄写速度，想适应中年级的学习节奏，简直是天方夜谭。小文代表了一类时间管理效率差的孩子，他们在基础性学习任务上能力弱、不熟练。比如，数学题看似会做，却迟迟写不完；语文很简单的抄写或是听写不是不会，但效率极低……对于这样的情况，我们要观察并判断孩子效率低是否因为基础知识或技能掌握不扎实，比如，数学应用题做得慢，可能是因为基础知识不熟练、计算不过关；语文听写、默写效率低，可能因为书写能力差。对于"写字困难户"小文，老师给出的帮助法则是：每天抽出 15～20 分钟的时间练习抄写，抄写需要熟记的字词，在抄写过程中训练手眼配合，发展手部书写所需的肌肉群。经过一段时间的练习，小文的写字速度有了明显的改善。

这些孩子效率低的主要原因是能力弱。家长用心地辅导，老师耐心地培育，这一切都是为了孩子能够有所变化、能力提升。但就像世界上没有两片叶子是相同的，我们作为家长和教育者，必须要认清和尊重的事实是我们无法改变孩子的天资。

因此，我们要变粗暴的呵斥为真诚的了解，抓住习惯培养的黄金期，通过家长高质量的陪伴和坚守，同孩子一起走过学习上困难的时期。每个阶段都要重视基础技能和习惯的培养与训练，只有打好基础，才可能在未来迎来能力的提升。

点评

———

冯思瑜

本文中老师找到了普遍出现在同学中的问题，从鲜活的案例出发，老师同时关注到了孩子、家长、教师三个层面，深挖问题的原因，并且找到了好的方法，这些方法特别具体、特别务实，相信对家校共育、对孩子的成长应该具有指导性和实效性。同时，家长要帮助疏导孩子出现的心理问题，找到打开心门的钥匙，构建和谐的亲子关系。教师要积极调动班里的孩子起到榜样带头的作用，进行伙伴互助和榜样引领，让孩子们手拉手，共成长，将教育智慧延伸到孩子和家长的心间。

8

如何做时间的小主人

史家教育集团（史家校区）

刘丹

一放学，孩子们高高兴兴地离开校园，回到家里，自由自在，无拘无束。爷爷提醒小明："抓紧时间写作业。"可是，一旁的小明就像没有听到一样，吃着西瓜，看着课外书，就是不写作业。爷爷提醒了好几次，小明不耐烦地说："知道了，我一会儿就写作业。我再玩一会儿，一会儿就好了。"直到爸爸妈妈7:00下班回到家，小明才想起来还有作业没有写，才开始写作业。此时，3个小时的时间已经过去了。磨磨蹭蹭、不抓紧时间的小明写到很晚，才把作业写完。

作为班主任，家长们向我反映的类似情况太多了，为什么孩子会有写作业的"拖延症"呢？主要原因有以下几点：

（1）孩子回到家里，不抓紧时间写作业，磨磨蹭蹭，家里的老人说的话一点也不听。说明在孩子心中老人说的话没有权威，可以不听、不做，甚至可以讨价还价。

（2）爸爸妈妈回家，孩子才开始写作业。说明在孩子心中，爸爸妈妈说的话非常重要，得听、得做。孩子内心敬畏的家长是第一监护人。

（3）孩子认为，放学回家后玩是第一位，学习是第二位。玩是孩子的天性，是孩子们的权利。放学回家，我要先放松，再写作业。这种想法完全可以，但要控制好时间。

对于孩子回家后的这些行为，作为家长，我们应该如何帮助孩子做时间的小主人、养成抓紧时间的好习惯呢？

1．了解孩子行为表象背后真正的需求

孩子一放学回家，就处于这种自由、放松，甚至是散漫、不听家长的话的状态，我们要从这些行为表象后看到孩子真正的需求。孩子在学校里上了一天的课，精神状态都是高度集中的，此时，需要适当的放松，来缓解学校里学习的压力。孩子就像橡皮筋一样，不能总紧绷着，也需要适当的放松，这样，才能有更好的弹性。他们需要适当放松，适当放慢脚步，甚至是开怀大笑，自由奔跑，以及自由支配自己休息和玩耍的时间。这样，才能发挥学习的主动性，学习时的专注才能持久，学习的动力才会强劲。

2．尊重与沟通是改变行为的助力剂

家长了解孩子的真正需求后，一定要与孩子及时有效地沟通。告诉孩子，爸爸妈妈特别理解你的感受，理解你现在的行为并不是自己希望看到的样子。我们一起来制订回家后的时间安排计划，一起商量奖惩措施。孩子内心深处感受到家长真正的理解和尊重后，也就愿意尝试进行改变。只有开始改变，才能看到希望。孩子只要做到了，就要及时给予奖励。例如，在行为"储值卡"上盖上小红花，代表在自控力、时间管理上又积攒了能力。这样可见的点滴改变，可以帮助孩子最终养成好习惯。

3. 发自内心的赞美让孩子看到自己能做到

赞美的话语、赞美的动作、赞美的表情就像神奇的种子，种在孩子们的心田。"你今天真棒，听爷爷说，你到家后，只休息了半小时，自己就去写作业了。我的儿子真是掌控时间的小主人呢！""奶奶说，你一放学就抓紧时间写作业，真棒。这周末奖励你去骑自行车。""你的小红花越来越多，你自己管理自己的能力越来越强，你真棒。"孩子身上点滴的进步，作为家长都要第一时间给予认可，甚至要非常夸张地赞美。这样，孩子才能从外界环境中感受到、看到自己的努力，在内心深处自己给自己一个认可——"我能做到"。

4. 帮助孩子不断练习思考如何解决问题

孩子回家写作业的"拖延症"会时好时坏，反反复复。这个时候，作为家长不要着急，我们要以一颗平常心看待孩子，认识到孩子出现这些问题是正常的，不要焦虑、不要烦躁。我们要帮助孩子不断地练习思考，让孩子在思考中认识到自己的新问题，从而思考解决这个新问题的办法。重点不是要立刻"正确地"解决问题，而是要强调帮助孩子练习思考怎样解决问题。这样，当孩子再次出现这类问题的时候，就会自己思考、尝试改变最终解决问题。

每一个孩子内心都有属于自己的一方天地，在这里，只要我们给予他们足够的耐心、细心、信心，在他们的身上才会看到改变自己行为的勇气和力量，而这股力量发自孩子内心深处，源源不断。

点评

张均帅

儿童拖延症是比较常见的问题，是家校沟通中家长们经常吐槽和感到困扰的难题。刘老师结合教育实例，给出了自己的观察、思考和实践经验，给家长提了四点建议：从了解孩子拖延症背后真正的需求入手，让教育者加强对孩子的尊重，多沟通，以赞美和奖励的方式激励孩子改掉坏习惯，并重点培养孩子遇问题会思考、会解决的能力。教育科学具有普遍规律，同时更要面对不同个体"对症下药"。在家庭教育中，家长还要以身作则，不能有拖延症。同时，孩子在学校养成的好习惯，需要家庭配合一以贯之。这些都会帮助孩子们逐步改掉拖延症的坏习惯。

9 掌控时间的方法

史家教育集团（史家校区）

徐丹丹

　　在生活中，你是否发现孩子平时做事拖沓，没有时间观念？这其实是一个普遍现象，主要是因为孩子没有养成珍惜时间、快速高效做事的习惯。面对这种情况，我们不宜单纯地指责孩子或是机械地进行口头教育，而应该采取符合孩子的年龄特点、心理特征的方式予以纠正。先让我们看个小案例。

　　洋洋从小的口头禅是"等一会儿""我一会儿就去"，而行动上总会一拖再拖，从来不主动按时完成任务。这种不良习惯在上小学后表现得更为明显：每天放学回家后，洋洋会先玩玩具、吃零食、看电视，最后在家人的催促下才开始学习。学习的时候也不够认真，一道练习题做 10 分钟也做不完，不是想着明天和同学一起玩耍，就是东看看西望望，一会儿喝水一会儿上厕所……正是这种拖沓磨蹭的做事风格，让洋洋学习效率低下，也让洋洋的父母很是焦虑。

事实上，如果任由孩子长期拖延，可能会对孩子的未来产生较大的负面影响。哈佛大学人才学家哈里克教授的研究表明，世界上有 93% 的人都因拖延的陋习而一事无成，这是因为拖延能杀伤人的积极性。很多家长也明白拖延的危害，但却苦于没有解决办法，只会责骂孩子，反而起到相反效果。长久下去，就会陷入"不管不行""越管越乱"的"怪圈"。因此，必须用科学的方法予以纠正。

我们来分析一下孩子做事拖沓的原因。

一是缺乏时间观念。这是导致孩子拖延最重要的原因之一。如果孩子没有时间观念，那么他们就意识不到 15 分钟和 1 个小时完成作业的区别，更意识不到自己拖拉的行为会带来时间的浪费，从而放任自己的拖延行为。

二是做事情缺少计划性和条理性。有很多孩子平时想干什么就干什么，想怎么做就怎么做，既没有计划，也没有条理，缺乏统筹规划能力，做事没有目标，自然就会拖延，随意散漫。

三是注意力不集中。孩子做事时喜欢东看西看，一会儿喝水一会儿上厕所，学习的过程中还想着看手机、平板等电子产品，无法专心学习、做事，效率自然上不去。

四是逆反心理作祟。有些家长不注意方式方法，急切地想让孩子完成任务，不断地催促孩子，粗暴地要求孩子严格按照自己的意愿做事，不能很好地沟通、说明理由。久而久之，孩子很可能会产生无助、反抗的情绪，用拖延来对抗父母。

针对以上成因，我们不妨采取以下手段。

1. 让孩子看见时间的流逝，懂得珍惜时间

要想让孩子管理好自己的时间，就必须让孩子知道时间是宝贵的，一旦失去了就永远无法找回来。我们可以让时间以"看得见的方式"呈现在孩子面前，帮助孩子正确认识时间。

比如，让孩子对吃饭、穿衣、做作业进行计时，通过分针和秒针的变化感受时间的流逝。这样就把看不见摸不着的时间转变为时针的转动，让孩子"看见"时间的流逝，认识到时间的重要性。慢慢地，孩子就能体会到时间的宝贵，知道失去的时间再也没有办法回来了，从而养成珍惜时间的好习惯。

2. 引导孩子制订合理的作息时间表

合理的作息安排有利于孩子的身体和神经发育，有利于提升孩子学习、生活的规律性，有利于提升孩子做事的计划性和条理性，提高效率，节省时间。

合理的作息时间表应当科学地规定学习、劳动、课外活动、休息、睡眠、自由活动、进餐等各项要素的时间分配和交替顺序，既让孩子在该紧张的时候紧张起来，也要给孩子充分的放松和休息时间，同时根据各项任务的优先程度安排时间和顺序。合理的作息时间表应当充分考虑孩子的年龄、身体状况、季节等各项因素进行"个性化定制"，确保适应孩子的身心特点和实际情况，也要留出余量，防止安排过满，无法完成，反而引起不好的效果。

例如，孩子早晨起床后，应有充足的时间进行洗漱穿衣，整

理床铺，吃早餐，然后从容地去上学。如果起床时间安排得太晚，进行上述活动的时间就会很短，孩子来不及从容地吃好早饭，就得匆忙地赶去上课，这对孩子的精神和健康都有不良影响。孩子因怕迟到而引起情绪不安，形成对大脑皮层的特殊刺激，使孩子在第一节课时精神过度兴奋，不能很好地集中注意力听课。过度兴奋所造成的精神疲劳，会使孩子在以后的各节课中，学习效率降低。同时，这样也会使孩子养成生活没有条理、缺乏效率、不爱整洁的不良习惯。

3．给予正确的指导，注意孩子专注力的培养

一是保证孩子做事时有一个安静的环境，家长不要贸然打扰孩子。例如，孩子正在学习，家长不要突然出现让孩子吃东西；孩子正在玩玩具，家长不要突然抱孩子；孩子正在看书，家长不要在一旁大声说话等。这些都会影响孩子的注意力。二是让孩子专注地做一件事情，不要让孩子一边吃饭一边看电视，一边玩游戏一边吃零食等。

4．给孩子一些缓冲时间，让孩子积极地完成既定的任务

孩子心理上发育还不成熟，容易产生逆反心理。家长长期的粗暴批评容易引起孩子的对抗，不利于家长和孩子的沟通，也不利于孩子的健康成长。所以要注意尊重孩子，不要简单地说教，要摆事实、讲道理，让孩子感到自己受到了尊重，从而提升与家长沟通的意愿，进而提升完成任务的积极性。

点评

张均帅

徐老师对于孩子们常说"等一会儿""我一会儿就去"的拖延问题，给出了很好的分析和解决措施。既关注到了孩子身体和心理成长过程中的动态需求，也给家长提出了明确、实用、有效的家庭教育小妙招。当孩子拖延成习惯时，家长要做的不是严厉地发号施令，而是要想办法帮助孩子树立正确的时间观念。家长一定要起带头作用，锻炼孩子的注意力，告别散漫和拖延，还要培养孩子自己管理事情的能力。孩子们学会了自我管理，"拖延症"自然就会轻松解决。

少先队小干部，
当不当

史家教育集团（史家校区）

冯思瑜

"马上就要期末考试了，我要好好复习，不能去社团工作了。"

"最近作业明显多了，学习压力有点大，少先队大队的工作我有点顾不过来了，可怎么办啊？"

"六年级了，小干部还要继续当下去吗？"

"小干部"是很多孩子向往的，能当上一名小干部，需要尽职尽责地学习和工作，真正成为同学们的榜样，为大家服务，也可以锻炼孩子各方面的能力。但是，怎样才能当好一名小干部呢？有一些小干部在参加学校、班级的工作后有学习下降的苦恼，还有些孩子家长会阻止他们当小干部。遇到这种情况，要怎么办呢？如果孩子说"相信我吧，我会合理地安排好自己的学习和小干部工作，努力做到两不误。"父母就真的不担心吗？如果只是这样说说，家长还是会担心。所以，孩子要用实际行动向家长证明。那么，该如何做呢？

不管是孩子还是家长，都要正确地理解小干部的意义。从表面看，当小干部需要耗费很多的时间和精力，特别是小干部要为班集体、学校做很多的事情，无疑是需要很多的奉献，但这种奉献对于自己的成长其实是很有益的。可以在与同学和老师沟通中提升自己的交际能力，增长情商；小干部身上都有一定的职责，还多了一种做表率的义务和被监督的约束感，可以增强孩子的担当意识和责任感；锻炼自己能力的同时，也可以很好地磨炼性格品质，在为大家服务的过程中遇到问题、解决问题，不仅可以增强自己各方面的能力，同时，也会扩大自己的心胸和格局，这是在其他的学习中不能获得的难能可贵的优良品质。

对于家长而言，如何做好支持和引导呢？

1. 言传身教做榜样

小干部要有大格局，父母要给孩子做榜样，身教重于言传，日常生活中，父母为人处世的格局也会影响孩子。家长可以举一些日常工作生活中的案例教育孩子，要有格局，懂得方法，注重过程，不要过度在意结果。

2. 信任和尊重孩子

信任，即相信孩子能自己面对和处理好学习与工作之间的关系；尊重，即不把自己的想法和意见强加给孩子，而是尊重孩子自己的想法和意见，让孩子知道自己的责任，从而培养其独立处理问题的能力。

3．鼓励和正确的引导

给孩子足够的空间和舞台，同时，如果孩子出现短暂的畏难情绪，家长需要和孩子一起分析。例如，孩子说不想当小干部，是真的不想继续工作，还是遇到难题退缩了。家长可以引导孩子思考自己想法背后的原因，看到自己的内心，真实地面对内心问题，从而找到问题的症结，一起讨论得出结果，别让孩子陷入两难中。遇到了问题，家长也可以和老师及时沟通，了解情况，适当地给予关怀和引导，帮孩子走出困惑。

4．抓住教育契机

家长要用心关注孩子，孩子生活的每一个细节都是教育的契机。小干部的培养也要从小事着手。抓住良好的教育契机，会事半功倍。如果小干部在工作中遇到问题，家长第一时间进行引导，不仅能帮助孩子解决问题，也可以深入剖析问题，举一反三，提升教育的实效性。在良好的教育契机中不断引导小干部做到下面几点，更好地服务大家。

（1）正确的态度。让孩子拥有良好的心态，不要着急和焦虑，带着消极的心态不可能开展好工作；找到自己的定位，明确自己的职责所在，明确知道自己需要具备什么能力，往哪方面努力。

（2）良好的沟通。引导孩子学会高效的沟通是门技术活，不仅要和父母沟通好，还要和班主任老师、大队辅导员老师做好沟通！和老师沟通时，要把自己处理不了的难题经过思考后再进行沟通，沟通要及时，要善于表达自己的观点。

和同学们沟通需要平等的心态，小干部不能觉得"有权了""高人一等"，一定要平等沟通，互相尊重，互助进步。

（3）踏实的态度。可以告诉孩子小干部要当好，需要有真心、真情和真行动。只有做到这三真，才能无私地为大家服务，积极帮助有困难的队员，用行动来影响和感动身边的同学，服务他人的同时，自己也得到成长。

（4）要有自主性，不是被动地接受老师和同学们要求的任务，而是想在前、做在前，主动为同学、老师服务。自己的活动自己搞！自己的问题自己解决！根据不同的时间节点，提前规划和策划活动，当好老师的小助手，帮助班级和同学们开展有意义的活动，积极营造正能量的氛围。对于自己可能会遇到的问题，防患于未然，做到有计划、有安排，不要等到问题来临时再想办法解决。

（5）团队的合作。让孩子意识到团队力量的重要性，小干部不是自己干，要有凝聚力，相信 1+1>2。调动同学们一起干，会分工，懂合作。善于调动其他同学一起工作，既能提升工作效率，又不会让自己陷入时间不够用、活儿干不完的境地。

（6）善于总结反思。虽然是小学生干部，可也不是小事情，对于自己的工作要及时反思和总结，既要自我总结，也要和同学、老师们一起复盘。养成向内看，看自己的问题，及时地在反思中提升自己，在复盘中成长和进步。

点评

———

宋菁

　　少先队小干部年龄较小，如何培养他们的责任感、自信心和服务意识，对于他们的成长十分重要。辅导员们不妨借鉴冯思瑜老师的做法，重视家长的支持作用，引导家长正确看待小干部工作，通过言传身教、正确的引导，充分给予孩子信任和尊重；鼓励孩子主动工作，培养责任意识，同时抓住教育契机，教育孩子用真心、真情和真行动，逐渐学会工作方法，从而成为一名合格的小干部。通过家校联动方式，深入探索、学习、体验、实践，一定能够助力孩子更好、更快地成长。

11

家境优越的孩子，
如何树立真正的自信

史家教育集团（史家校区）
李享

小远是一个思维敏捷、性格倔强的孩子。平时上课与同桌搞小动作，嘴里时常嚼碎纸，在别人不防备的情况下，把纸喷到他人的桌子上、身上或者墙上；经常偷带零食，无论在课上还是课下，都是随意吃；课堂上，老师说上句，他随意接下句，课间追跑打闹，一刻也停不下来，似乎得了"多动症"，但去医院又检查不出是什么病。到了中高年级，孩子性格越来越暴躁，容易冲动，自控能力差，散漫任性；虽然有时情绪好起来会帮助别人，但特别爱发脾气；有缺点或者错误能承认，但坚决不改；对学习缺乏兴趣，学习习惯差；经常不做或者少做作业；注意力不集中，没有持久性。

面对这样一个像"小刺猬"一样的孩子，作为班主任，我经常接到孩子父母的求助电话："李老师，我看这孩子真是没救了，怎么这么不上进，我要是同学，也不愿意理他！""他现在别说学习了，正常上学都费劲！""李老师，他怎么能偷偷拿家里的钱呢，这么多钱都干什么去了？他要什么不给他买？真是想不通！"

小远的家庭条件很好，可以说生活在一个非常富裕的家庭中，物质钱财方面从不缺少。他出生在典型的四二一家庭，爷爷奶奶过分溺爱，再加上很小的时候，由于经常闹病，家人对他呵护备至，因而可以说他的生活真是要风得风，要雨得雨，从未遭到任何挫折。生活的富有加上长辈的溺爱，再加上孩子自身的放松、随意，因而造成了他任性、倔强、纪律散漫、不愿吃学习的苦的特点。

每次接到小远父母的电话，同是家长的我都会陷入深深的思考，我能够感觉到他们对于孩子的无奈，更多的是无助，这种情绪甚至影响到了家长自己的工作生活。在和孩子的沟通中，他告诉我，他不愿意上学，觉得没有朋友，学习也听不进去，更不愿意和父母沟通问题，爸爸只会打骂处理。孩子的种种行为和心理状态，是严重缺乏自信的体现。

（1）自身原因：从小娇生惯养，没有受到过挫折，没有体会过无论任何物品都是从不易中得来的，因此不懂得珍惜，认为所有的一切都是理所应当的，从小就是家中的"太阳"，所以在学校中做不了"星星"。

（2）家庭原因：家庭富裕，一切财物应有尽有，爷爷奶奶过分溺爱，爸爸妈妈工作繁忙，父母的教育对他来说起不了什么作用，孩子总是拿爷爷当靠山。

（3）社会原因：家庭的富有使他有条件、有资本和别人一同出入游戏厅，一同出入高档饭店、影视娱乐场所，这些场所的纷繁复杂使他过早"了解"了社会，学会了他自认为有用的"本领"。

面对这样一个正处于价值观、是非观形成关键时期的孩子，作为家长，我们应该怎样帮助他重新树立自信呢？

尊重他，让他站起来

美国著名哲学家、教育家约翰·杜威曾说过，人类天性里最深的驱策力就是希望具有重要性，希望被尊重、被赞美。尊重孩子，首先就不要伤害他的人格，要知道"每个人都有一颗成为好人的心"。因此，我们要从人格上尊重他，把他当作平常的孩子看待，不把他划分到特殊的行列。情感是父母与孩子之间交流的思想纽带，爱是打开孩子心扉的一把钥匙，只有亲子关系融洽，孩子才能向爸爸妈妈敞开心灵的窗户，推心置腹地谈自己的想法，吐露内心秘密。因为他学习不好，就有一种自卑的心理，经常犯错误、挨批评，受到周围人的歧视和斥责，于是背上了思想的包袱，与同学处于对立状态，把自己封闭起来，不与人交流，怕老师在大庭广众下批评他，怕同学看不起他……因此，对他，父母应以"爱"字当先，以理解和宽容的姿态，帮助和关爱他，尊重他，走进他的心灵。

走近他，让他变起来

"亲其师，信其道"，家长就是孩子的第一任老师，孩子只有相信你，你的教育才能起作用。"感人心者，莫先乎情。"情感教育的位置显然是非常重要的。强化情感教育，走进他的心里，才能使情感教育发生"正迁移"。作为父母，我们要懂得尽一切努力来满足孩子的内在需要，只有当教育触及孩子的内在精神要求时，才能使受教育者处于一种积极的接受状态，从而产生良好的内化过程，这种内驱力可以激发学习动机，能使孩子真正成为学习的主人，从而积极主动地学习，潜能得到最大的挖掘。爱产生信任，信任产生交流，在不断的交流中，才能一步步走近他，让他一点点变起来。只有走近他，才能发现和利用他身上的积极因素，克服消极因素，启发他的自觉性，让他成长起来。

帮助他，让他自信起来

自信是成功之舟的风帆，成功又是自信的载体。只有当孩子对学习有需求，有好的动机，有兴趣，有情感，他才会热爱学习，他的思维就有了积极性。月亮本身是没有光的，它的光来自哪里呢？来自太阳。思维本身是没有积极性的，它的积极性来自哪里呢？来自非智力因素。因此，我们要在现有的条件下，寻找突破口，把孩子学习的积极性调动起来，这是一个很重要的问题。我仔细观察了小远，发现他语文、数学、英语都不太行，那他哪里行呢？我思索着，发现他抄写的功夫还是很好的，于是和孩子爸爸沟通，让爸爸鼓励孩子练字，说不定将来这是一条谋生的途径，还建议爸爸和孩子一起练字。写一手好字，照样可以赢得别人的尊重和钦佩！就像我们身边的很多人一样，虽然主科成绩不好，但在音乐方面有天赋，弹一手好琴，同样被人尊重。小远和爸爸听取了我的建议，小远一有空就练字，爸爸在休息时也会看孩子的练字本，因为和孩子有共同话题，爸爸和小远沟通的时间越来越多，小远也慢慢愿意和爸爸坐在一起说话了。在学校，我有意识地在作业本上多给他几个优，及时肯定他的进步。他从什么都不做，到开始写字，再到后来真的迷上了练字，人也变得开朗多了。看到他的笑容，我和家长的心里都是甜甜的。

家校联系是很重要的一环。只有家长和老师经常保持一致，孩子才会走上轨道。"天生我材必有用"，不要打消孩子向上的欲望，走进他们心里，才能唤起他们真正的自信！

点评

王晔

本文从亲子关系角度出发，以中、高年级学生小远的故事入手，全面分析了家境优越的孩子身上反映出来的种种棘手问题，也呈现出家长对于这类孩子在教育中的苦恼与无助。随着生活水平的日益优越，子女的教育问题、亲子关系问题越来越成为大家关注的话题，家境富足的孩子反而常常在心理上缺失家长的爱，由此引发各种成长问题，物质充足的外表下，孩子却自信心缺失。本文结合教师多年一线教学经验，帮助家长发现问题-思考问题-解决问题。本文贴近生活，希望给予有同样困惑的家长以实质性帮助。

12

"好学生"如何
缓解学习压力

史家教育集团（史家校区）
李婕

　　小李同学是班里的中队干部，也被老师和同学称为"才女"。她的作文总是作为范文在班里被老师朗读，她的画作也是美术老师的心头好。这是个对自己各方面都要求很高的姑娘，总是希望自己事事都做到最好。

　　刚开学不久，我就在课间的时候发现，她总是埋头忙碌着。在之后的一段时间，我发现小李在课间几乎都不休息，我每每看到她的时候，她都在写着什么。后来通过跟她聊天，才知道她最近的数学成绩不太理想，想多做题练一练。我让她拿出了数学卷子，成绩其实不算差，基本都在95分左右。她开始跟我讲述这段时间的经历。从六年级开学，她的语文和英语学习就一直比较顺利，成绩都不错。只有数学总是不太理想，达不到她自己的目标，所以她就买练习题反复做，甚至数学考试之前的晚上总会因为紧张而失眠，到考试的那节课就会紧张到手冰凉、头晕、喘不上气。越是这样，成绩越提高不上去，成绩越提高不上去，小李就越焦虑。就这样形成了恶性循环。

原来，学习压力不是只存在于学习困难的学生身上，好学生的学习压力也会很大。哪些原因会造成好学生产生巨大的学习压力呢？

原因之一：孩子自己的过高期望

优秀的学生往往更追求完美。对自己期望和要求过高，总想任何方面都要优秀，都要最好。稍有一点事情做得不如意，就会惴惴不安，就着急去弥补。优秀的学生在学校总与表扬有缘，习惯了别人的夸赞，一旦遇到小挫折，就会难以承受。这也就给他们自身增加了超负荷的心理负担。

原因之二：家长的过高期望

中国的家长往往受传统的望子成龙观念影响，把孩子的成绩好坏看得过重，对子女有过高的期望，把子女的成功当成自己的光荣。有的父母以过度的关心施压，陪孩子挑灯苦读，送上牛奶、荷包蛋，跑前跑后，关心备至。当孩子看到父母为他们所做的一切，原本不轻松的心里又要载上一份沉甸甸的亲情，即"温柔"的压力。

原因之三：班级好学生之间的竞争

小学生进入高年级阶段，尤其是六年级，开始越来越看重成绩。虽然学校、班级在考试后都不会进行成绩排名，但孩子私底下会互相打听，进行比较，自然有了竞争的意识。如果有哪一科的成绩稍稍落后，自然也会产生很大的压力。

如何帮助好学生来纾解学习的压力呢？

第一，协助孩子制定适当的学习目标。

和孩子面对面坐下来，耐心地帮助他分析自己的成绩。根据考试成绩，实事求是地评估自己的能力，以此制定自己的学习目标，不要把目标定得过高或过低，以免因为难以达到目标而沮丧或因为太容易达到目标而丧失前进的动力。同时也要经得起失败的考验，即使成绩不理想，也不应自卑，要认真分析考得不好的原因，吸取教训，查缺补漏，再接再厉。要让孩子对自己有一个正确理性的认识，告诉孩子其实任何人都很难做到在各个学科都是最优秀的。像小李这样的好学生，可能在文科学习中更具有优势，理科不是长项，那就不用苛求，只要成绩不掉队就可以了。

第二，帮助孩子制定科学的作息时间，良好的时间管理是减轻压力的好办法。

很多优秀的学生在学习上可谓争分夺秒，不愿意浪费一点时间。于是他们就会将精力全部投入到学习上，而没办法做到劳逸结合。这个时候就需要家长来帮忙，让孩子在繁重的学习之余，每天都安排出一定的娱乐时间，如运动、看课外书等。学会休息，学会放松，以一个轻松的心态去学习、思考，才会在学习中寻找快乐和兴趣。坚持运动能够让人精力充沛、充满活力，学习效率才有保障。

第三，引导孩子学会自我缓解心理压力。

家长应该积极与孩子交流，鼓励他只要尽力，成绩好坏并不是非常重要，尽量帮他减轻思想包袱，对于他心中的烦恼，家长应给予及时的疏导来帮助他消除。多给孩子一些鼓励和赞扬，以增强他的自信心。还可以利用孩子的特长和爱好，让他发挥优势，以此来增强他的自信心，努力培养他的乐观精神，让他能够渐渐以平和的心态面对学习上的压力，并且在出现学习压力、心理负担时，能够用特长和爱好来分散注意力，从而纾解压力。

随着年龄增长，孩子们要面对更多更大的压力，我们要让孩子们对自己有一个正确的认识和定位，引导他们以乐观的心态积极面对压力，并在这个过程中不断成长，努力成为更好的自己。

点评

郭文雅

李老师向我们传递出一个信号，"好学生"也是有压力的，需要家校形成合力去关爱和帮助孩子应对成长之路上遇到的困难。李老师从多角度分析了"好学生"产生压力的原因，有针对性地给出了缓解压力的策略。"好学生"的压力来源可能有内在的，也有外在的，其中家长的期望过高是非常重要的一个压力来源。那么如何缓解"好学生"的压力呢？李老师给出了实用且细致的方法。孩子要学会自我调节，家长也要多给孩子一些鼓励和支持，少一些批评和施压。家长可以帮助孩子制定健康的作息时间、科学合理的计划，尽量劳逸结合，给孩子一些放松的时间，这样才能让孩子健康快乐地成长。

13

学会"拒绝"是孩子成长的必修课

北京市东城区回民小学

赵莹

有个朋友对我说，她的儿子经常向她哭诉，自己喜爱的玩具、漂亮的文具被身边的小朋友拿走了，有时候还不还给他，为此他非常伤心。朋友告诉儿子："玩具是你的，如果你不想给他玩，可以拒绝他。"儿子为难地说："我不敢说，我怕他不高兴，怕他以后不跟我玩了。"

这种情形，您是不是也遇到过呢？其实，很多孩子一开始是敢于说"不"的，但是家长可能过多地给孩子灌输了"懂分享、有礼貌、乐于助人"等思想，久而久之，孩子也就羞于"拒绝"，不敢说"不"了。从现在开始，我们要告诉孩子恰当的"拒绝"还是非常必要的，学会"拒绝"是人生中的一门必修课。学会对别人说"不"，也能坦然接受别人对自己说"不"，这是一项很重要的能力。

懂得拒绝的孩子，才能获得稳定的、良性的友谊

我们可以告诉孩子要尊老爱幼、孝亲敬长、懂得礼让，但并不是要让孩子毫无底线地让步，一般情况下可以委婉地拒绝别人的请求，需要注意以下三点：

第一，礼貌、友善而坚定地拒绝，并委婉提出我们的想法和感受；

第二，用商量的语气拒绝别人，让对方能感受到你因没有帮助他而感到抱歉；

第三，帮对方找一个合理的解决方式。

比如，自己很喜欢的书还没有看完，不想借给别人，就明确告诉他："我也很喜欢这本书，也很愿意借给你，但现在我还没有看完，不能借给你，要等下周我看完后再借给你，如果你等不及的话，在××地方可以买到它。"

委婉拒绝时，清晰地表达出自己内心的想法和感受，说明拒绝的理由，试着让别人去理解，不仅是对自己的尊重，真诚相待的态度也表现出对别人的尊重。

懂得拒绝的孩子，才能让危险远离自己

我们更要告诉孩子遇到有些人的"求助"时要坚定地拒绝，才能离危险更远一步：

（1）当比你"强壮"的人向你寻求帮助时；

（2）当面对长期寻求帮助的"懒惰者"时；

（3）当面对不明身份的人要带走你或请你开门时；

（4）当有人要触碰你身体的隐私部位时；

（5）当陌生人递过来食品、饮料时。

面对让自己不舒服的行为时，要第一时间坚定地说"不"。有时候一味地容忍，不一定会收获对等的理解，有可能换来的是更加有恃无恐的恶劣对待。

懂得拒绝的孩子，才能坦然地接受别人的拒绝

在生活中，拒绝与被拒绝是非常常见的事，生活中也处处充满着拒绝。要让孩子知道，拒绝是再正常不过的事了。

只有学会拒绝的孩子，才能在被他人拒绝时，淡定从容，大度看待别人的拒绝，并给予对方理解与尊重。

只有当自己拒绝过别人的要求，才能体谅拒绝者的心情，明白别人的拒绝也是经过思考和比较的，拒绝者也在承受拒绝带来的不愉悦体验。而只有拒绝过别人，你才更能坦然接受别人的拒绝。学会拒绝，需要勇气，也需要承受压力，更需要坦然面对的心态。

懂得拒绝的孩子，都有善于引导的好家长

现在，我们总强调要给孩子独立的人格，要尊重孩子，让孩子自己去决定某些事情。但是毕竟孩子太小，对这个世界上的好坏还不能那么容易辨知。作为家长，理应在某些方面直接告诉孩子该怎么做，这与培养孩子的独立人格是两码事，不相冲突。给孩

子讲清楚危害性，孩子一定会积极配合的。

当我们发现孩子无法拒绝别人时，要先分析一下原因，弄明白孩子究竟是下面哪种情况。

（1）害怕自己失去一起玩的朋友，就容易对别人的要求有求必应。

（2）孩子好面子，觉得自己啥都能干，就喜欢包揽一切。

（3）内心比较胆小，对于别人的要求也不敢说"不"。

（4）不懂得如何拒绝别人，就糊里糊涂答应别人的要求。

对于孩子的这些问题，家长们又可以怎样做呢？

第一，不要轻易忽视孩子的任何"不"。有些时候孩子表达出了自己的拒绝，但是家长往往更喜欢按照自己的想法来忽略孩子的感受，这就更容易让孩子选择沉默，不再说出自己的想法，无论别人怎么要求，孩子都会麻木地接受一切，因为已经成了习惯。我们要尊重孩子的意见，不能强迫孩子，如果孩子的态度过于偏激，那就教孩子如何委婉地说"不"。

第二，告诉孩子拒绝别人并不会失去真正的友谊，相反如果不拒绝别人，心不甘情不愿地满足别人的请求，事情不一定能做好，而事情做不好就更加容易导致双方关系的破裂，与其这样，不如一开始就拒绝。

第三，尊重孩子的发言。有时候孩子会隐藏自己的意见，家长要鼓励孩子说出来，表达自己的看法，当和孩子意见不一致的时候，我们也要坚持让孩子说完自己的意见，不直接呵斥孩子，孩子的独立思维是父母给予的，只要给予孩子独立的思维，孩子就更可能学会拒绝别人。

拒绝别人是一件很正常的事情，没什么不好意思的。作为家长，我们决不能忽视孩子学会拒绝这门必修课。引导孩子走向社会，既要让孩子学会善良，赢得信任和尊重，做好自己的事情，同时，对待别人的请求，也要结合自己的实际情况选择是否拒绝，不把自己陷入两难的境地之中。

点评

鲍宇红

拒绝和生存一样都是一种权利，对家长而言，教会孩子"拒绝"可是一件非常重要的事情。心理学家认为，懂得拒绝自己不喜欢的或者不属于自己分内的事，是自信和有边界感的体现。文章从获得良性友谊、远离危险、能够坦然接受别人的拒绝三个角度讲述了学会拒绝对孩子成长的重要性，并引导家长在分析原因后有针对性地教会孩子学会拒绝，主动说"不"。做一名善于引导的好家长，才能帮助孩子在未来生活中人际关系更健康，幸福感更强。

14

如何培养孩子的自控力

史家教育集团（史家校区）
宋宁宁

居家线上学习时，有的孩子经常会偷偷地做一些与课堂无关的事，比如悄悄地翻开一本漫画书，或者同时打开游戏小程序……如果这样的事情屡屡发生，作为家长的我们，想必心中一定会非常烦恼和焦虑。

仔细分析刚才我所描述的情况，我们不难发现这些现象都和孩子的"自控力"紧密相关。那么什么是"自控力"呢？

"自控力"是指一个人靠理智和毅力支配与控制自己的思想行为的能力。凡是有自控力的人都能及时采取各种措施，克服心理障碍和外来的各种干扰，控制自我，力求使自己的言行举止符合社会行为规范。小学生正处于发展和完善自我的关键时期，拥有良好的自控力是帮助孩子成就精彩人生的根本保证。

自控力和什么因素有关呢？

国内外研究学者认为：孩子的自控力受家长的影响是巨大的。比如，专制型家长对孩子过于约束，孩子会出现被过度控制的表现，如情绪压抑、对父母盲目听从等；溺爱型和放任型家长对孩子要求较低，孩子容易缺乏规则意识，容易出现放纵、自控力缺乏等特征；民主型家长一般支持并能适当指导孩子的自主行为，尊重且不溺爱孩子，行使自己的权力但不强制孩子，这样的教育方式有利于培养孩子的自控力。

不仅如此，家长过于焦虑、过度干涉，或者经常用责备的方式教育孩子，这样的行为也会使孩子情绪变得消极，不利于孩子自控力的稳定发展。

了解了这些，作为家长要想有效提升孩子的自控力，我们和孩子的相处方式就要做出适度的调整。我们可以在以下几个方面进行尝试。

1．唤醒孩子的认知

德国著名教育学家斯普朗格曾说过："教育的最终目的不是传授已有的东西，而是要把人的创造力诱导出来，将生命感、价值感唤醒。"要想提升孩子的学习自控能力，首先要唤醒孩子的自我意识。我们可以和孩子进行一次严肃认真的谈话，引导孩子意识到自己的学习控制力还有待于提升。

只有让孩子在心灵深处认识到自己的问题，有想要改变现状的自身需求，才能更好地激发孩子的潜能，使改变具有爆发力。

2.营造学习场域

"环境"是影响孩子学习效率的重要因素。为了让孩子在学习上更加安心专注，建议家长一定要为孩子创设出良好的家庭学习场域。比如，一张书桌、一把座椅、一盏台灯等，除此以外，在孩子学习时家长还应为孩子营造宁静的学习氛围。安静、舒心的学习场域，能够有效制约孩子，从而增强孩子的自我约束感。

3.适度安排休息

有研究表明，充足的睡眠、合理的饮食、适量的运动是提升孩子自控能力的生理保证。因此，建议家长在孩子放学回家后，可以让孩子先喝一杯水，或者吃少量的水果，再让孩子回到房间完成当天的学习任务。

晚饭后，建议孩子休息 10 分钟后再继续完成作业。

此外，在孩子做作业时，可以运用番茄时间原理，依据孩子的年龄、自控程度，按照每写 20～40 分钟作业，休息 5～10 分钟的原则，科学、合理地分配孩子的学习时间和休息时间。让孩子的身心都能够得到调整，这样，孩子学习的专注力会得到有效提升。

当孩子休息时，可以让孩子喝水、吃东西，但不要让孩子做消耗脑力的活动，这样更有助于孩子学习时的自我控制。

4.明确奖惩办法

任务驱使对于绝大多数小学生来讲，具有一定的吸引力。多数孩子会因为要达成某种目标，愿意为之努力。家长可以抓住孩子的心理特点，制定奖惩方案。按照方案，及时鼓励，从而达到教育正强化的目的。

5．细化评价规则

评价可以有效地激励、监督孩子的学习行为。以居家线上学习为例，家长可以为孩子量身定制出《学习效果评价表》。可以通过以下四个维度引导孩子关注学习过程，提升学习效率：①考勤；②课前预习；③课堂具体表现：主动、专注、积极；④课后表现：作业、复习。

线上学习学生一日学习效果评价表

日期：＿＿＿＿＿＿＿＿　　　　　　　　　评价人：＿＿＿＿＿＿＿

项目\科目	考勤（10分）	课前预习（10分）	课堂表现（50分）			课后表现（30分）		得分
			主动学习（10分）	专心听讲，不做与课堂无关的事（20分）	积极互动（20分）	按时完成作业，正确率高（20分）	课后复习（10分）	
语文								
数学								
外语								
道法								
总分								

备注：

6.建立监督机制

小学生的年龄特点决定了他们的注意力集中时间不长。当孩子在家完成作业或者进行网上学习时，建议家长可以采取陪伴的方式，随时关注孩子的学习状态，做到随时监督，随时提醒。

若孩子出现严重的不自控现象，家长也可以及时采取措施制止。

除此以外，还想提醒大家三点。

第一，在培养孩子自控力的过程中，孩子出现松懈或者退步是很正常的一件事。家长要平和心态，帮助孩子找出原因，设法进一步解决问题。

第二，如果家长遭遇困难或者与孩子发生冲突，家长首先要心平气和，因为发怒和责备并不能改善孩子面临的问题。并且，无论家长或是孩子，谁先发怒了或者违反规则了，冷静后都要主动道歉。

第三，如果在引导孩子的过程中家长遇到一时无法解决的问题，还可以联系班主任或者心理老师，相信老师一定能够给予家长更有针对性的帮助。

培养孩子的自控力，需要家长放下浮躁，有耐心、有智慧地陪伴与引领孩子。相信有了家长和老师的温暖相伴，孩子一定会走出属于自己的一片天。

点评

———

鲍虹

自控力是毅力、定力、判断力、执行力等能力的综合反映。我们常讲，好玩、好动、好奇是孩子的童真与天性。那么，如何循循善诱这份"童真"，如何因势利导这份"天性"，既塑造自主性又强化规则，既去除浮躁更张扬热情，是我们每位教育者特别是一线老师常思常想、经常探究的课题。本文开篇明义、开门见山地以线上学习为切入点，直奔"如何培养孩子自控力"这个主题，抓住了网络时代教育教学的特点，也抓住了孩子学习能力提升的重点。随即从提升认知、营造场域、优化作息、明确奖惩、细化评价、及时监督等六个方面，围绕培养自控力讲认识、谈思考、提建议，层层深入，步步递进，环环相扣，思路很清晰，办法也管用。特别是文中贯注了一种理念，那就是自控力的提升乃至教育的施行重点不在于"传授已有"，而是在于"唤醒认知"，值得我们思考、探索与实践。

15

阅读埋下幸福的种子，给予成长的力量

史家教育集团（史家校区）

刘玲玲

"老师，我工作忙，我儿子放学就打游戏，电子产品无论藏在哪儿都能被找到，您有什么好办法能让他少玩游戏多读书吗？"

"老师，我们家孩子学习有困难，作业总是做到很晚，都没时间读书，真是愁人呀！"

"老师，我女儿爱看书，但我发现她看书面很窄，您有什么办法能让她广泛阅读吗？"

由此可见，小学生自控力差、阅读量不高、阅读范围偏窄已成为较为普遍且棘手的问题。

如何让孩子远离游戏，爱上阅读

案例一：萱萱学习能力较强，对新鲜事物有好奇心，但由于父母工作忙，没有时间与孩子交流身边事，导致萱萱过度沉迷于网络中的新鲜事。班里有一部分同学和萱萱一样，从放学回到家到父母回家之前的这2～3个小时非常自由，于是他们爱上了打游

戏、上网。

孩子们每天过度沉浸于冗杂无用的碎片化信息，泯灭了孩子对于阅读的兴趣与耐心。针对以上案例，家长应做到三点。

1. 要明白疏优于堵，阻力越大，玩瘾越大

简单粗暴的批评只会把孩子推向虚拟世界的更深处，如果父母能了解孩子的内心世界，就会拥有与孩子沟通的良好契机。比如，时常问问孩子最近发生了哪些新鲜事以及孩子对热点事件和身边事件的看法，类似做法不仅会锻炼孩子的沟通表达力，还会锻炼孩子的批判性思维，从被动接受消息变成主动观察世界。

2. 多陪伴孩子

无论我们大人多忙，休息时间都要尽量多陪陪孩子，逛逛博物馆、看看话剧、去看望老人，让孩子尽量放松。发现现实生活的美好，是需要真正地去听、去看、去感受的，带着孩子充分感受现实生活才能让孩子慢慢地把生活重心从虚拟世界中移开。

3. 创设良好的读书氛围

如果孩子对读书很难产生兴趣，可以在家里营造读书的氛围，在家里开发一个阅读角：房间的角落、阳台的一角，柔和的光线下，一个舒服的地垫，随手可拿的图书，这样温馨的环境有助于孩子对阅读产生兴趣。要把孩子培养成为自觉、独立、热情的终生阅读者，我们必须付出足够多的时间和孩子一起阅读，当我们陪着孩子读完一本又一本的书时，你可能突然发现，那个以前不愿意看书的孩子现在能捧着一本书看得津津有味了，久而久之，书会成为孩子最好的朋友。

如何引导孩子打开视角，广泛阅读

案例二：曦曦是班中学习习惯好、学习自觉的孩子，但受性别、性格等原因影响，读书面较窄。班里还有很多同学像曦曦一样，阅读内容单一、知识面窄。

引导孩子开阔阅读视野、陶冶情操，是这类孩子家长需要解决的问题。

1．选书是很重要的

为孩子选书要注重"质"。孩子选书往往是有局限性的，他们往往根据自身兴趣去选择。如果此时家长可以根据孩子的年龄特点和知识水平给予一些指导和建议，就会大大提升孩子的知识储备。另外，为孩子推荐优质童书时，品类要尽可能丰富，优秀的少儿文学、少儿版文学名著、科普类、科幻类读物都要涉及。

2．播撒阅读的种子，收获阅读的快乐

（1）丰富孩子的背景知识

我有一个好朋友非常喜欢天文摄影，而天文学这个领域对于孩子的科学素养、哲学启蒙、数理逻辑等都有很好的教育价值。于是，每次我朋友去郊区观测星象都会邀请我女儿同去，慢慢地，女儿也会主动要求购买天文相关的书籍。由此可见，并不是孩子们接受能力弱，而是他们需要一个开拓兴趣的契机，所以我们每一个家长都要做一个有心人，因势利导拓宽孩子视野，为孩子广泛阅读打好地基。

（2）与孩子已有的生命体验建立连接

向孩子"推销"某本书，技巧很重要，如果纯文字的简介无法激起他的兴趣，不如试着把这本书跟他的生命体验建立连接。比如，向孩子推荐《假如给我三天光明》这本书，你可以这样说："海伦·凯勒可是个与众不同的作家，她对于世界的了解不来自视觉，也不来自听觉，而是通过触觉。想知道她通过一双手认识的世界万物和你认知里的世界有什么区别吗？"有好奇才会有期待，家长朋友们要巧用孩子的好奇心。

（3）最好的交流，是和孩子聊书

和孩子共读一本书后聊一聊，不仅可以让他表达自己的阅读感受，还可以唤起孩子的生活经验，从而引发他更深入的思考。那么聊些什么内容呢？可以聊角色、聊感兴趣的情节、聊读后的感受，还可以聊同一个作者的不同作品等。聊书是阅读的升华，更是家长进入孩子内心世界的最佳路径。

如何帮助学习困难的孩子摆脱困境

案例三：每一个班级里都有极个别学习困难的孩子，我们班的洋洋就是这一类孩子的代表，他对所学教材内容的领会、理解都很困难，通常需要大量的时间来消化、复习，经常是一项内容还有没有理解，又该学习新的内容了。为这事，洋洋妈妈跟我哭诉了好多次，她说每天洋洋写完作业，妈妈还要帮他补习旧的知识，大人孩子都疲惫不堪，但收效甚微。

阅读能让人思考，而思考会变成一种激发智力的有效手段。作为老师，我们要多关注学习困难的孩子的动向，多与其互动，努力提高课堂学习效率，另外，还要加强阅读方法指导，提高孩子的阅读积极性。同时，家长要巧用碎片化时间和不同媒介引导孩子增加知识储备，例如，上下学路上、饭后散步时听一些有声小说、评书；时常观看由经典原著改编的电影、电视剧；带孩子走进话剧院、歌剧院，去了解一段历史或一位古人。虽然阅读可能在短期内看不到明显效果，但我们要坚信，让孩子坚持阅读，总有一天会开出最美丽的那朵花。

家长是孩子最好的老师，智慧的家长一定会在孩子心中播撒一粒阅读的种子，让智慧和善良与孩子一路同行，不断给予他成长的力量。

点评

徐莹

读书对于每个人来说，都是极其重要的。可对于小学生来说，他们很难告诉我们读书的意义是什么，为什么要读书，读书的目的又是什么。刘老师的文章通过一个个案例，为我们带来积极阅读、认真思考的教育启示。阅读行为，特别是孩子的阅读行为，当然不是放任自流的。我们应当有所安排，有所倡导，有所规约。作为家长，应当告诉孩子以书籍为友，不断地从书籍中汲取知识和能量，如此方能获得成长的力量。

16

用心经营时间，提高中考备考效率

北京市第二中学分校

郑珊

家有考生的初三家长在孩子备考期间，总是容易出现一些困惑、担心和焦虑。孩子在家很快完成作业，家长担心孩子不知道该做什么。孩子学得太晚，家长又担心孩子的身体吃不消。在中考备考期间，考生需要管理好时间，做到有效调节身体和心理状态，才能提高备考效率。

"老师，孩子说上课能听懂，为什么模拟练习成绩还是不理想？"

"我看他作业都写完了，也不知道还能做点什么。"

"老师，您看我们家的小美，很快完成了学习任务，该订正的也都做了，但就是成绩提高的不多。"

对于家长提出的上述问题，建议大家从以下三方面着手解决。

加强沟通、制定目标

小 A 同学基础薄弱，学习习惯差，容易出现各种纪律问题，甚至可能做出极为危险的行为。我主要从"沟通"开始工作，通过任课教师、同学和家长多方面了解孩子的情况。然后，通过他的课堂表现，我逐渐发现其兴趣点，小 A 同学喜欢电子技术，十分爱惜物理实验器材。每次帮我送实验器材，都小心翼翼。我借机与孩子沟通，找到共同话题。基于他对物理学科的喜爱，课上请他发言，让他获得成就感。

在教育教学中，我们经常会遇到与小 A 同学类似的孩子。若您的孩子属于基础相对薄弱的孩子，我们建议应该在有效沟通的基础上，仔细观察孩子的每个行为细节。通过言语的沟通、行为的肯定，增强孩子的信心。在此基础上，通过与学校老师的沟通，引导孩子制定切实可行、触手可及的目标和备考计划。

分析问题、定方案

小 B 同学总是觉得自己基础还算不错，但是每次期末考试都"发挥"不好。家长和孩子沟通后，发现他课上能听懂，作业做得很认真，但是考试就"发挥不出来"。您的孩子遇到过类似的情况吗？

中考备考期间，家长应该明确"课上听懂"不等于"考试得分"。孩子从"课上听懂"到"考试得分"中间还有这样几个不同的阶段："孩子课上听懂"→"孩子学会了"→"孩子会做了"→"孩子能做对"→"孩子能在规定时间内做对"→"考场氛围紧张，孩子能在规定时间内做对"。家长可以分析孩子的情况，看看是哪个环节出现了问题，然后有针对性地改善该环节的问题。

经过了一段时间，家长和老师一起帮助小 B 同学通过学习细节的反馈，发现孩子的作业时间没有规划。一份作业虽然全对，但是用了很长的时间查阅资料，力求完美，忽略了"规定时间内完成"，该暴露的"问题"没有暴露出来。

作为家长，您或许经常会遇到下面这些情况："孩子从来不让我动他的书包和所有的复习资料。""孩子青春期叛逆，我是高学历，但是我的孩子从来不接受我的辅导。"家长是孩子最亲近的人，孩子一方面恐惧我们的高姿态，另一方面又害怕我们知道他仍有特别简单的知识内容还存在问题。基于此，我们建议您放下高学历和高姿态，尝试"示弱"。让孩子给您讲讲他所知道的内容。在孩子的表述过程中，孩子从解决问题中获得的成就感就更加强烈。

坚持复习、讲策略

其实，还有一种常见的情况是：孩子订正错误很快，但是成绩提高不显著。这是因为孩子改错的过程只重视"丢分"的选项，而没有关注到其他选项。例如 A、D 两个选项，孩子当时做题的时候是有疑问的，他选 D 只是蒙对了，但没再对 A 进行标注。因此，错过了复习过程中的"隐性错误"。

复习的时候不仅需要关注错题，还需要关注练习中的"隐性错误"。孩子的时间宝贵，应该把更多的时间留给最需要的学科和内容、最迫切需要解决的问题。这样的备考策略和方法，需要孩子长期坚持，并且在实际备考的过程中，根据自己的实际情况，不断地调整和解决问题。

另外，对于不同学科的测验效果，我们也要引导孩子正确分析。不能盲目地烦恼于哪个学科没有发挥好，要科学理性地分析自己每次测验中发挥的优势和劣势，结合自身情况，考虑花同样多的时间，哪些问题更容易解决，进而制订出切实可行的复习计划，坚持落实，并在后面的测验中不断尝试和执行。

事实上，作为家长，我们无法替代十几岁的孩子去想去做。但在适当的时间和合适的机会，我们可以引导孩子进行合理的备考时间和精力的分配，从而达到事半功倍的效果。当我们看到孩子的成绩，一定要理智地分析测验中的得与失，不盲目生气与发火，尽力引导孩子分析"真"问题，并全力协助孩子解决"真"问题。另外，备考期间，家长与孩子说话要讲究方式方法，多换位思考，充分考虑孩子的感受，从而让孩子能够身心愉悦地迎接中考。

点评　　　郑珊老师是我校初三年级的班主任老师。郑老师用心、敏锐地观察孩子的学习行为，关注孩子的思想动态，把握每个教育契机，指导孩子树立中考目标，精准诊断学习问题，鼓励孩子不怕困难，坚持解决"真"问题。长期以来，她坚

虞雄剑　　持与家长沟通，增强家校合作，为孩子们打造"个性化"的备考方案，助力中考。